Freelance : l'aventure dont vous êtes le héros

Éditions Eyrolles
61, bd Saint-Germain
75240 Paris Cedex 05
www.editions-eyrolles.com

ISBN : 978-2-416-00107-9

Alexis Minchella

Freelance : l'aventure dont vous êtes le héros

Construire son offre, mieux vendre et s'épanouir au quotidien

Éditions
EYROLLES

Sommaire

VOS BONUS EXCLUSIFS

Merci d'avoir acheté le livre. Pour vous remercier à ma manière, rendez-vous sur le site tribuinde.com pour recevoir vos bonus :

- une vidéo masterclass dédiée à l'administratif avec une experte du sujet,
- une interview avec une indépendante sur sa méthode d'organisation, pour compléter le Plan de 90 jours dont je vous parlerai dans le livre,
- ma boîte à outils pour gérer et structurer toute mon activité freelance,
- la liste des meilleures ressources que je vous recommande de suivre (livres, newsletters, chaîne Youtube et podcasts),
- les réponses aux questions des lecteurs (vous avez la possibilité de me poser vos questions), mises à jour régulièrement pour aller encore plus loin que le contenu du livre.

Et je vous réserve encore quelques surprises…

Rendez-vous sur tribuinde.com/livre-bonus pour recevoir tous les bonus du livre (et bien plus !).

AVANT-PROPOS

Vous êtes le héros de votre aventure. Ce livre sera votre compagnon de route pour les prochains mois. Il parle de vous, mais j'ai pris soin d'y inclure de nombreux exemples et témoignages. Mais avant de plonger dans la lecture de ce livre, je vous partage en quelques pages mon histoire et ce qui m'a conduit jusqu'à ce livre.

Nous sommes le 21 avril 2016. Il est 8 h 15, et comme tous les matins depuis quelques mois, je m'apprête à prendre le RER B pour rejoindre le nouveau campus d'un grand acteur ferroviaire français. Je suis en stage dans un cabinet de conseil de La Défense, en mission chez l'un de leurs clients. Mon job n'a rien d'une torture. Je suis très bien payé, même en stage, mes collègues sont cool et les journées ne sont pas trop stressantes. Mais tout le monde est en pilote automatique. À l'époque, je passais des heures dans des réunions interminables dont le sujet même finissait par m'échapper. Je décrochais la moitié du temps, en me demandant comment je m'étais retrouvé là, en costume avec Bertrand, proche de la retraite, à regarder défiler des slides Powerpoint qui n'intéressaient pas notre client, trop occupé sur son portable. Dès mon arrivée en école de commerce, mes objectifs sont pourtant clairs : pour mener une vie heureuse, je dois gagner beaucoup d'argent. Je délaisse donc rapidement le marketing pour m'orienter vers le prestige des cabinets de conseils qui vont me permettre de créer mon réseau dans des sphères sociales plus élevées, assurer mon avenir financier et crédibiliser mon CV. Voilà comment je me retrouve dans cette salle de réunion à me demander encore ce que je suis en train de faire, alors que je n'ai même pas 25 ans. J'essaye de me projeter à la place de mes collègues trentenaires et là mon plan s'écroule. Qu'est-ce que je vais faire maintenant ? Il me reste une dernière année avant le grand bain dans la vie active.

La même année, je découvre par hasard la chaîne YouTube Startupfood et tombe sur une vidéo intitulée « Les barbares attaquent le consulting [1] ». Je passe une heure scotché devant l'écran grâce à un gars, Oussama Ammar, co-fondateur de The Family[2], l'un des piliers de l'écosystème start-up en France. Je viens d'ouvrir ma boîte de Pandore. Mes certitudes à propos du travail en sont complètement bousculées. Et je me rends compte d'une chose : je ne cherche pas un travail mais une raison d'être. À l'époque, je n'ai qu'un but, accéder au prestige et à l'argent. Le conseil en entreprise n'est alors qu'un prétexte. Grâce à cette révélation, je fais mon entrée dans un nouveau club, celui de la start-up, un nouvel univers avec ses propres codes, et je m'y sens à ma place, enfin.

J'avais dès 2015 commencé à écrire sur Internet en publiant régulièrement des articles sur le site Medium pour partager mes lectures et mes réflexions, sans véritables objectifs. Il y a 5 ans, l'exercice n'était pas aussi courant qu'aujourd'hui. Grâce à ces articles, je gagne une légitimité dans le monde du travail. Pour la première fois, j'ai des choses à montrer, au-delà de mes diplômes. On me fait alors confiance, j'apprends beaucoup et j'ai l'impression que mes idées sont écoutées. Je rencontre des gens passionnants chez Toucan Toco, une belle entreprise B2B[3]. Et puis, on vient me trouver sur LinkedIn pour me proposer un premier CDI dans une autre start-up ; une plateforme de freelances. Tout ne se passe pas comme prévu. Très vite, je sens qu'il va falloir trouver un nouveau plan et se relancer dans une nouvelle aventure. J'avais déjà plusieurs missions en freelance à mon actif. Il était temps de me lancer dans le grand bain. La date est prise

1. https://www.youtube.com/watch?v=b6UCYrIfVlk
2. Depuis 2013, The Family fournit aux start-up qu'elle accompagne un suivi au jour le jour pour développer leur business.
3. Business to Business : une entreprise qui vend des produits/services à d'autres entreprises.

en janvier 2019. Il est temps de transformer une activité qui occupe mes soirs et mes week-ends depuis plus d'un an en job à temps plein. Quelques mois plus tard, les prémices de Tribu Indé arrivent avec la publication des premiers épisodes du podcast, qui deviendra la référence pour les indépendants. Un an plus tard, je me retrouve dans le bureau de mon éditeur pour échanger nos premières idées sur le livre que vous tenez entre les mains. Aujourd'hui, je continue de partager mon temps entre mon activité de freelance et Tribu Indé pour accompagner les indépendants dans leur aventure.

J'ai une fascination pour les histoires. Celles des entrepreneurs et des indépendants que j'ai rencontrés. J'aime comprendre et décortiquer les actions qui les ont amenés à devenir ce qu'ils sont aujourd'hui. Quel a été le point de bascule ? Qu'ont-ils appris en cours de route ? Pourquoi ont-ils pris ces décisions ? Quelle suite logique existe-t-il entre toutes leurs expériences ?

Le 12 juin 2005, Steve Jobs prononce l'un des discours les plus inspirants de ces vingt dernières années. Il s'adresse aux étudiants de la prestigieuse université américaine de Stanford lors de la cérémonie de remises des diplômes. Ironie, il n'a jamais été diplômé de cette université, qu'il a quittée six mois après son entrée. Ce jour-là, Steve Jobs aurait pu faire le même genre de discours que ses prédécesseurs sur cette estrade en partageant dix conseils pour réussir dans le monde des affaires. Mais il a pris tout le monde à contrepied avec un discours très personnel devenu culte. « Vous ne pouvez pas connecter les points quand vous regardez vers l'avenir, vous ne pouvez le faire qu'en regardant le passé. »

On parle souvent des points de connexion entre nos envies, nos expériences et nos projets. Mais vous ne pourrez connecter ces points qu'en regardant en arrière. Ces connexions vous aideront à prendre les bonnes décisions pour la suite. Voilà pourquoi je voulais commencer ce livre par ces quelques mots sur le début de mon parcours dans la vie d'adulte. Je ne suis pas différent de vous. Si je suis arrivé à me lancer, tout le monde peut le faire. Mais pour vivre confortablement de votre activité et de vos compétences, il faut comprendre les fondations d'un business d'indépendant. Et cela demande des efforts, du temps, de l'engagement et du travail. Je vous garantis que le jeu est passionnant.

Steve Jobs conclut son discours en parlant d'un gars nommé Stewart Brand. Avec son équipe, il a publié plusieurs éditions du *Whole Earth Catalog*, le « catalogue de toute la terre », une sorte de Google trente-cinq ans avant. Au dos de leur dernière édition, il y avait une route déserte, à perte de vue. En légende, quatre mots : « Ayez faim. Soyez fou. »

On nous apprend à ne jamais dépasser du cadre. Le système scolaire nous prend par la main et nous dit ce que l'on doit faire. En entreprise, on se conforme aux règles, à la hiérarchie, en tenant un rôle qui nous permet d'évoluer.

J'ai démarré mon troisième plan de carrière il y a plus de deux ans maintenant. J'ai envie de me prouver que je suis capable de créer quelque chose en repartant de zéro. Et même si je ne sais pas de quoi seront faites les prochaines années, j'ai la certitude d'avoir fait le bon choix.

INTRODUCTION

Pourquoi la majorité des freelances échouent

Le freelancing n'est plus une tendance isolée du monde du travail. Il révèle les nouvelles aspirations des travailleurs, quel que soit leur âge. Les freelances incarnent aujourd'hui les mutations profondes de notre société. Mais déjà en 1811, l'écrivain écossais Walter Scott parlait de freelances dans son roman *Ivanhoé*, une plongée en pleine époque médiévale. Richard Cœur de Lion était connu pour attirer les meilleurs « freelances » du continent. Il s'agissait alors de lanciers mercenaires prêts à rejoindre l'armée où les récompenses financières étaient les plus intéressantes.

Bien qu'aujourd'hui le modèle du salariat domine encore largement avec près de 90 % de la population active en France[1], le freelancing progresse depuis une dizaine d'années. Le salariat et ses avantages commencent à se dégrader, la sécurité de l'emploi est remise en cause, les syndicats sont en déclin et la quête de sens n'a jamais été autant d'actualité. Bien sûr, le salariat est loin de disparaître. Mais les contreparties d'un travail salarié sont de moins en moins avantageuses (sécurité de l'emploi, pouvoir d'achat, couverture sociale...). Hier, ces

1. https://www.insee.fr/fr/statistiques/3741241

récompenses valaient l'effort investi. Aujourd'hui, les choses sont en train de changer.

N'importe qui peut créer son statut d'auto-entrepreneur en moins de 20 minutes sur Internet. L'État a simplifié les démarches et cassé les principaux freins. Mais ce papier de l'INSEE que l'on reçoit dans notre boîte aux lettres avec notre identifiant SIRET et le nom de notre entreprise, ce n'est finalement qu'un symbole. Et forcément, la simplicité des démarches administratives n'a rien à voir avec la réalité quotidienne des indépendants.

Pour preuve, si le nombre de freelances augmente chaque année, qu'en est-il après trois ans d'activité ? Les chiffres sont bien difficiles à trouver. Mais je suis allé chercher quelques réponses du côté de l'INSEE. « Sur la cohorte globale des auto-entrepreneurs qui se sont immatriculés, 36 % sont actifs 3 ans plus tard. Et moins de 2 % ont quitté leur auto-entreprise pour le régime général[1]. » Oui, vous avez bien lu :

- 7 indépendants sur 10 ont quitté les rangs entre-temps ;
- moins de 2 % des indépendants quittent le régime d'auto-entreprise pour le régime général.

Lorsque l'INSEE rédige ses conclusions, le plafond de chiffre d'affaires est de 33 000 € (en prestation de services). Seulement moins de 2 % des indépendants génèrent donc plus de 33 000 € de chiffre d'affaires, soit 2 150 € net, après trois ans d'activité. Les chiffres sont évocateurs…

Il est très simple de se lancer dans le grand bain du freelancing, mais il est beaucoup moins facile d'en tirer un revenu décent après trois ans d'activité si l'on écarte toutes les personnes qui n'ont pas dépassé le cap des trois ans. Il y a des dizaines d'explications pour comprendre pourquoi ces freelances échouent. Par exemple :

- **Ils ne se questionnent pas sur la valeur de leurs compétences.**

1. https://www.insee.fr/fr/statistiques/4189659

Toutes les compétences ne se valent pas aux yeux des clients. Certaines d'entre elles ont de la valeur au sein d'une entreprise mais seront difficilement externalisables pour un client. Une expérience professionnelle réussie en entreprise ne garantit donc pas toujours le succès en se lançant en tant qu'indépendant.

- **Ils ne prennent pas le temps de poser des objectifs clairs.**

Pour certains, le freelancing est un choix par défaut. Ils veulent s'émanciper du modèle traditionnel du salariat sans réfléchir aux conséquences de cette nouvelle aventure. Tout n'est pas rose et il existe de nombreuses contraintes qu'il faut avoir en tête dès son lancement. Si vous n'êtes pas au clair sur les raisons qui vous poussent à vous lancer, vous ne pourrez pas vous raccrocher à une perspective meilleure dans les moments difficiles.

- **Ils n'ont aucune méthode pour structurer leur activité.**

C'est vrai, personne ne nous apprend à structurer une activité individuelle. Certaines méthodes peuvent être inspirées par le modèle de l'entreprise. Mais il y a des limites. Vous restez seul à piloter votre petite entreprise au quotidien. On peut alors très vite se perdre dans des petites tâches sans voir les grands objectifs et les paliers à dépasser mois après mois. Pour y voir clair, il faut de la méthode et des processus cadrés pour vous concentrer sur les projets qui vous permettent de faire avancer votre activité.

- **Ils ne se sont pas préparés à ce qui les attend.**

On nous parle volontiers de start-up en école comme en entreprise, mais jamais de freelancing et d'entrepreneuriat individuel. Lorsque j'ai commencé à découvrir cet écosystème freelance, je ne m'étais pas encore lancé à temps plein. Je faisais quelques missions de temps en temps à côté de mon emploi, mais encore rien de très sérieux. J'avais alors besoin de comprendre la réalité des indépendants qui en avaient fait leur métier. J'ai envoyé des centaines d'e-mails, pris des dizaines de cafés et lancé un nombre incalculable de visio-conférences pour discuter avec des freelances expérimentés pour connaître leurs réalités et leurs méthodes.

En 2019, ces discussions m'ont poussé à lancer le podcast Tribu Indé pour partager les parcours et les stratégies de dizaines d'indépendants. En moins d'un an, Tribu Indé est devenu le podcast de référence pour les freelances. Ce livre est le résultat de mes rencontres, de mes découvertes personnelles, mais aussi de mon expérience. Toutes les idées et les méthodes que je partage ont fonctionné pour moi comme pour un grand nombre d'indépendants.

On promet souvent de nous révéler les grands secrets du succès avec des solutions miracles. Ici, je ne vous dévoilerai rien de tout ça. Au contraire, tout au long du livre, je partagerai des méthodes qui ont fait leurs preuves sur tous les aspects de votre activité.

- Comment construire sa vision à long terme ?
- Comment se positionner sur son marché et construire son offre ?
- Comment bien s'organiser pour atteindre ses objectifs personnels ?
- Comment trouver ses clients selon 3 modèles ?
- Comment définir un prix juste pour soi et pour ses clients ?
- Comment convaincre votre client que vous êtes la bonne personne pour l'aider ?
- Comment bien gérer votre relation client ?
- Comment augmenter sa crédibilité pour mieux vendre ?

La liste n'est pas exhaustive ! Je suis toujours fasciné par ces freelances et entrepreneurs qui travaillent avec obsession sur leurs projets, jour après jour. La question de la réussite reste personnelle, mais les ingrédients pour arriver au bout de ses ambitions sont souvent les mêmes. Cet ouvrage est le résultat de plusieurs années d'expérimentation, de travail, de rencontres et de réflexions personnelles et collectives.

PARTIE 1

N'importe qui peut devenir freelance

CHAPITRE 1

La peur fait partie de l'aventure

Je me souviens très bien d'une discussion à quelques jours de quitter mon entreprise pour me lancer en freelance. Je me retrouve à la machine à café avec Thibaut Manent et Romain Limmois, deux amis (et anciens collègues) et leur partage alors mes doutes et ma peur de ne pas y arriver.

« Après tout, il y a déjà tellement de freelances sur le marché. Comment je vais bien pouvoir trouver ma place dans cette jungle ? Et puis, si ça ne marche pas, je vais me sentir nul d'avoir raté.

– Tu as juste peur que l'on te juge si tu te plantes ! Tu t'engages sur un chemin que tu n'as jamais emprunté et pour lequel on ne t'a pas donné de plan à suivre. Tu ne connais pas la route et ses obstacles. Alors forcément tu flippes ! Mais ça va aller, un pas après l'autre. »

J'ai maintenant quelques années de freelancing derrière moi, un podcast de référence pour les indépendants et vous êtes en train de lire mon premier livre, alors que je n'ai même pas 30 ans. Je pourrais vous raconter que la peur n'est qu'un prétexte pour ne pas se lancer et qu'il faut la balayer le plus vite possible. Et pourtant, cette peur est légitime. Vous ne savez pas encore de quoi demain sera fait. Vous n'avez aucune certitude quant à votre réussite. Et pire, vous découvrez un nouveau monde. Quelle que soit votre situation, vous continuerez d'avoir peur de choisir ou de vous engager dans une direction plutôt qu'une autre. Le plus important reste de comprendre cette appréhension et de l'apprivoiser pour qu'elle ne soit jamais un frein à votre développement personnel et professionnel.

Mais alors, pourquoi avons-nous peur ? Il y a deux grands paramètres. Le premier est externe : le regard et le jugement des autres. Tout le monde pense avoir son mot à dire sur tout et n'importe quoi. Vos choix professionnels n'y couperont pas ! Le second est plus personnel. Nous avons tous des biais émotionnels et des croyances limitantes qui nous empêchent de passer à l'action.

Les fausses croyances du freelancing

Le freelancing a bien sûr son lot de détracteurs. Il y aura toujours des gens pour nous décourager. Et on ne peut pas leur en vouloir. Ces gens-là projettent leurs peurs sur nous. C'est ce qui s'est passé pour Alex Vizeo[1]. En 2011, il quitte son job de cadre dans une entreprise du CAC 40 pour se lancer en tant qu'influenceur voyage. Aujourd'hui, ça ne paraît pas si surprenant que ça. Mais à l'époque, il n'existe aucune référence en France. À votre avis, quelle a été la première réaction de ses proches lorsqu'il a décidé de tout quitter pour partir faire un tour du monde ? L'incompréhension a été totale pendant des années, notamment parce qu'il a mis du temps avant d'en vivre correctement. Les réticents n'ont pas la même vision que nous. Et nous ne pouvons pas leur demander de comprendre nos choix lorsqu'ils n'ont pas le même schéma de pensée que vous et moi. Nous n'approchons pas le travail de la même manière qu'eux.

1. Alex Vizeo est devenu l'influenceur voyage de référence en France. Fin 2019, il décide de tout arrêter pour se lancer un nouveau défi. Aujourd'hui, il accompagne des créateurs à promouvoir leur marque personnelle. Il m'a expliqué son état d'esprit et cette transformation dans un épisode du podcast Tribu Indé. https://tribuinde.com/podcast-alex-vizeo/

Arthur Schopenhauer, un philosophe allemand du XIXe siècle, a dit : « Toute vérité franchit trois étapes. D'abord elle est ridiculisée. Ensuite, elle subit une forte opposition. Puis, elle est considérée comme ayant toujours été une évidence. »

1. Le freelancing est ridicule

À la fin du XXe siècle, les freelances sont une minorité. Ils n'ont pas voulu suivre les règles en étant salariés comme tout le monde. Certains étaient artistes et voulaient rester libres. On tomberait presque dans le cliché de l'écrivain, plongé dans ses livres, dans une cabane au fond des bois.

Après tout, pourquoi vouloir faire différemment des autres ? Ce choix semble insensé, nous exerçons parfois le même métier que dans une entreprise, sans la sécurité de l'emploi (et sans tous les autres avantages). Nombreux trouveraient ça ridicule de se mettre soi-même dans une position moins confortable et plus incertaine pour le même job au quotidien…

2. Le freelancing est dangereux

Internet a bouleversé les codes. Oui, nous pouvons gagner de l'argent depuis notre ordinateur sans bouger de chez nous. Oui, nous pouvons nous créer une vitrine sur Internet, partager nos projets et trouver des clients sans même les rencontrer une seule fois.

Mais qu'en pensent les cabinets de conseil et les agences digitales plus traditionnelles ? Ils ne voient pas le freelancing d'un œil bienveillant. En effet, nous cassons leur modèle et leur marge. Sur un marché qui pèse plusieurs milliards d'euros en France, le freelancing n'est pas une bonne nouvelle pour tous. La gestion des talents[1] reste l'un de leurs enjeux prioritaires. Eh oui, les niveaux de salaires ne suffisent plus

1. https://www.alliancy.fr/a-laffiche/entreprises/2019/09/06/les-esn-en-pleine-forme-mais-en-manque-de-talents

pour retenir leurs collaborateurs. On parle maintenant de flexibilité et de plaisir au travail. Difficile de faire mieux que le freelancing sur ce plan.

3. Le freelancing s'impose petit à petit

Parce que oui, travailler avec les meilleurs devient critique. Erik Brynjolfsson, un professeur du MIT, a démontré que, sur le marché des « superstars » du monde du numérique[1], un petit nombre d'acteurs accapare une part disproportionnée du marché. « La différence entre le numéro 1 et le numéro 2 est plus grande que jamais. »

Si vous suivez la Formule 1, la première place est très souvent occupée par le même pilote, Lewis Hamilton. Sur les six dernières années, il a dominé la compétition avec cinq titres de champion du monde. Au classement, le second pilote est très souvent à plusieurs dizaines de points derrière ! Du côté des entreprises, c'est le même principe qui s'applique. Mais pensez à toutes ces entreprises du CAC 40. On les imaginait indétrônables. Aujourd'hui, certains secteurs ont été profondément bouleversés. Je pense au marché des VTC (avec Uber et toute cette bande de joyeuses start-up), ou encore au secteur hôtelier (avec Airbnb).

Quelles sont les conséquences pour les entreprises ? Elles doivent être capables de développer le meilleur service ou produit possible. Personne n'a envie d'être relégué en fond de tableau. Mais au-delà de la technologie, le meilleur atout d'une entreprise reste ses talents. En travaillant avec les meilleurs, elles prennent une longueur d'avance sur leurs concurrents. Or, ces talents continueront de devenir indépendants. Je repense souvent à un passage de notre discussion avec Laetitia Vitaud sur le podcast Tribu Indé. Pendant plus de 6 ans, elle a été enseignante dans des classes préparatoires avant de se retrouver dans une entreprise privée pour laquelle elle ne restera

1. http://digital.mit.edu/erik/Long%20Tails%20Versus%20Superstars.pdf

pas longtemps. Elle est aujourd'hui indépendante, rédactrice en chef du média pour l'emploi *Welcome to The Jungle*, conférencière et auteur sur le futur du travail.

« Être indépendante n'a jamais été un objectif en soi. Je voulais trouver un moyen de gagner ma vie sans que cela soit une souffrance. Et le seul moyen de créer quelque chose qui me va, où je suis libre, sans micromanagement, c'est d'être indépendante ! En entreprise, tu peux très vite rester dans ta zone de confort. Et ça ne m'intéressait plus. Aujourd'hui, je suis dans une position d'élève et de remise en question permanente sur la manière dont je fais mon job. C'est passionnant ! »

La plupart des personnes qui tenteront de vous décourager n'ont pas la même vision ni les mêmes objectifs de vie que vous. Écoutez-les, mais ne prenez rien personnellement. Le plus important reste ce qui se passe dans votre tête. Et c'est parfois vos croyances personnelles qui sont bien plus difficiles à dépasser.

Affronter ses propres peurs

Certaines décisions peuvent littéralement changer le cours de notre vie. Or ces mêmes décisions sont aussi les plus difficiles à prendre, parce qu'elles font remonter tout un tas de peurs et de croyances pour nous dissuader de sauter.

Ces dernières années m'ont transformé. Je n'aurais jamais pu apprendre si vite, saisir certaines opportunités, bien gagner ma vie et organiser mon temps comme je le souhaite, si je ne m'étais pas lancé en freelance. Si vous êtes sur le point de vous lancer, sachez que j'ai eu les mêmes appréhensions que vous, les mêmes doutes et les mêmes interrogations.

- « J'ai peur de ne pas être à la hauteur. »
- « J'ai peur de ne pas gagner suffisamment d'argent. »
- « Et si je ne trouve pas assez de clients ? »
- « Le freelancing est-il le meilleur choix pour moi ? »

- « Je n'ai pas encore assez d'expériences pour me lancer. »

J'ai affronté ces mêmes peurs moi aussi et j'ai fini par les accepter.

Vous avez peur de ne pas être à la hauteur

À l'approche du lancement, vous commencez à angoisser. Vous avez peur de ne pas y arriver. À mesure que les jours passent, vous vous retrouvez face à une montagne de choses auxquelles penser. Puis vous rencontrez d'autres indépendants pour échanger sur leur expérience et leur évolution. Et forcément, vous commencez à vous comparer. Ils ont tous l'air de réussir, d'être sereins, le sourire aux lèvres.

De votre côté, vous avez l'impression que rien n'ira et que le freelancing n'est peut-être pas fait pour vous... Après tout, qui êtes-vous pour oser vous lancer et vendre vos services à des entreprises pour plusieurs milliers d'euros ? Je vous rassure tout de suite, je me suis fait les mêmes réflexions, comme la plupart des freelances. Vous avez l'impression d'être un imposteur qui n'a rien à faire là.

70 % des personnes ressentiront au moins une fois le syndrome de l'imposteur au cours de leur vie[1]. Tout le monde doute de ce qu'il est capable de faire et d'accomplir. Il y a donc de grandes chances pour que vous ne soyez pas épargné. Prenons quelques exemples extrêmes de personnalités dont la réussite est difficilement contestable.

- **Serena Williams,** une des plus grandes championnes de tennis, a remporté 39 titres du Grand Chelem :
  « J'ai longtemps essayé de copier ma sœur, sur le court comme dans mon quotidien. Je voulais faire les mêmes choix qu'elle car elle savait ce qu'elle faisait. Pas moi. »
- **Howard Schultz** a été pendant plus de 20 ans le PDG de Starbucks qu'il avait rejoint alors que l'entreprise n'avait que quatre points de vente. Il reste aujourd'hui le principal actionnaire, avec une fortune estimée à 2,8 milliards de dollars :

1. https://www.sciencetheearth.com/uploads/2/4/6/5/24658156/2011_sakulku_the_impostor_phenomenon.pdf

« Peu de personnes s'assoient sur le fauteuil du PDG en pensant qu'elles sont les plus qualifiées pour réussir leur mission. »

- **Maya Angelou** est une figure emblématique de la vie artistique et politique aux États-Unis. Ces livres sont mêmes au programme des écoles américaines :
  « J'ai déjà écrit 11 livres, mais à chaque fois que je publie un nouvel ouvrage, j'ai peur de la réaction du public, je ne peux plus me cacher derrière mon bureau. »
- **Lady Gaga** est une artiste mondialement reconnue pour sa musique et le personnage qu'elle a créé. Chacun de ses albums atteint le sommet de la plupart des palmarès musicaux :
  « J'ai parfois l'impression d'être une ratée qui est arrivée là par hasard. Je dois sans cesse me convaincre de ce que j'ai réussi à faire et de ce que mes fans veulent avoir de moi. »

Cette question de légitimité touche plus de monde qu'on ne le pense. Mais peu de personnes osent en parler publiquement. Et pourtant, lorsque l'on recherche un emploi, on ne se demande pas vraiment si nous allons être à la hauteur. On prépare notre candidature, on postule et on essaie de passer une étape après l'autre. Alors pourquoi notre schéma de pensée devrait-il être différent en freelance ? La transaction reste la même : des compétences (et du temps) contre de l'argent.

Vous avez peur de ne pas trouver assez de clients pour vivre de votre activité

Forcément, cette question ne se pose pas lorsque vous êtes salarié. Quoi qu'il se passe, vous êtes à peu près assuré de toucher votre salaire à la fin du mois. En tant que freelance, la démarche est forcément différente puisqu'il vous faut devenir proactif pour aller chercher vos propres clients, entretenir de bonnes relations et fournir des résultats à la fin de chaque mission.

Comme beaucoup de choses, on appréhende ce que nous ne connaissons pas. Si vous n'avez jamais eu d'expérience de commercial, trouver des clients et les convaincre d'acheter vos services est une grande première. Et puisque vous ne savez pas, vous imaginez les pires scénarios, comme celui de ne trouver aucun client. Le challenge de trouver au moins un nouveau client par mois sur ses six premiers mois d'activité est plus simple qu'il n'y paraît. Le premier mois, vous n'aurez qu'un client, mais au fur et à mesure, vous faites grossir votre portefeuille de clients jusqu'à devoir refuser certaines demandes. Et je vous assure que ce palier arrive souvent plus vite qu'on ne le pense. Vous n'avez pas besoin de 20 clients par mois pour occuper vos journées et vivre confortablement de votre activité. La majorité des freelances que je connais et qui travaillent encore seuls ne prennent jamais plus de 7 ou 8 clients en même temps. Selon les prestations, cela peut déjà devenir sportif ! À titre d'exemple, je travaille rarement avec plus de 3 clients par mois.

Je ne vous parle pas de devenir le meilleur freelance de tous les temps en France et rafler 99 % des contrats sur votre discipline. Je vous parle de signer quelques clients chaque mois pour vivre confortablement. Les chapitres 12, 13 et 14 traitent en profondeur ces questions.

Vous avez peur de faire le mauvais choix

Personne n'aime se retrouver dans une position inconfortable dans laquelle on ne maîtrise pas les codes. Je ne vous dirai pas le contraire ; en vous lançant en freelance, on peut dire que vous sortez de votre zone de confort ! La réussite se mérite et vous oblige souvent à explorer l'inconnu.

Nous partageons tous cette ressource commune qu'est le temps. Et ce temps, il est aussi limité que précieux. Nous pouvons alors l'utiliser de deux manières :

- Profiter de chaque semaine sans bousculer son confort – *gratification instantanée.*

- Commencer par s'attaquer aux choses difficiles pour rendre les semaines suivantes plus agréables et avancer vers ses objectifs à long terme – *gratification différée.*

Les premiers mois en freelance ne sont pas les plus faciles, je vous l'accorde. Vous plongez dans l'inconnu, sans être sûr de trouver le bon chemin, avec le stress (et parfois la culpabilité) d'avoir quitté un emploi confortable ou de refuser des opportunités « plus sûres ». Il n'y a jamais de mauvais choix car peu importe la route que vous empruntez, il y aura toujours des leçons à en tirer. Et si vous vous trompez en cours de route, dites-vous que les erreurs vous servent d'apprentissage.

Se dire que nous avons fait le mauvais choix restera toujours une conclusion a posteriori. Si vous ne vous êtes pas encore lancé, il n'y a pas de mauvaises décisions. Le mieux reste d'expérimenter, d'apprendre et d'essayer. Ensuite, vous pourrez vous demander si vous aviez fait le bon choix !

Vous doutez de votre niveau d'expérience

Vous vous dites peut-être « J'attends encore quelques années, le temps pour moi de gagner en expérience, de tester telle et telle chose, avant de réfléchir à me lancer ». Si vous réfléchissez de cette manière-là, je vous garantis que vous ne vous lancerez jamais. Bien sûr qu'il vous faudra un minimum de compétences à monétiser pour vous lancer. Mais vous n'avez pas toujours besoin de vous estimer expert de votre domaine pour commencer à vendre vos compétences à des clients. Encore aujourd'hui, si je me compare à d'autres indépendants ou d'autres marketeurs, je ne me sens pas à la hauteur. Je me dis que j'ai du retard et que je dois être encore meilleur.

Idée clé

En psychologie sociale, on appelle ça l'effet Dunning-Kruger. Quand on commence à s'intéresser à une thématique, on a rapidement l'impression d'en maîtriser les fondamentaux. Mais à ce moment-là, nos connaissances réelles sont bien inférieures à ce que l'on pense avoir acquis. C'est presque le meilleur moment pour se lancer !

Mais à mesure que l'on apprend et que l'on développe ses compétences sur un sujet, nous avons l'impression inverse : celle de ne plus rien maîtriser. On se dit qu'il nous reste encore trop de choses à apprendre avant de se sentir compétent. Si vous avez un ami dessinateur et que vous lui demandez d'estimer son niveau de dessin, il vous répondra sûrement qu'il existe des dessinateurs bien meilleurs que lui.

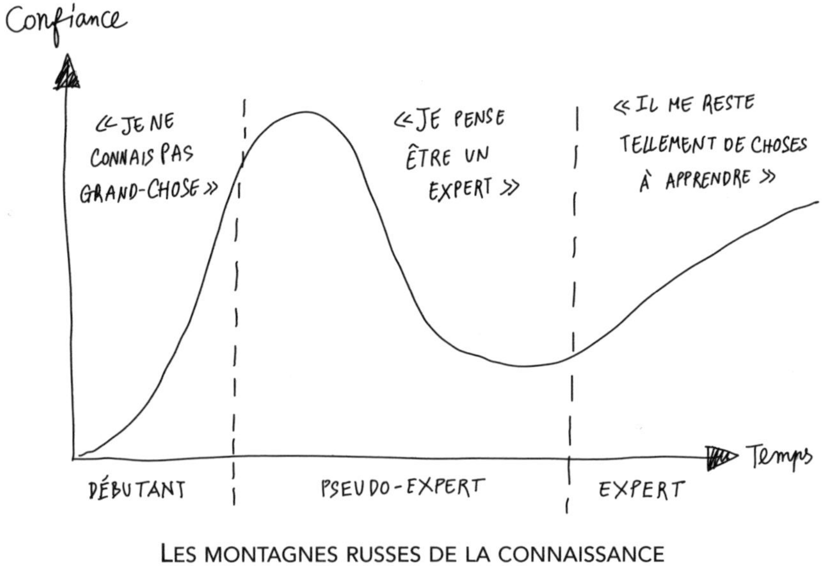

LES MONTAGNES RUSSES DE LA CONNAISSANCE

Avec les réseaux sociaux et Internet, vous avez l'impression que tout le monde a une meilleure maîtrise d'un sujet que vous. Inconsciemment, on se compare, on se juge et on retourne apprendre. Mais on ne passe toujours pas à l'action. Votre expérience se gagne avec le temps, en vous confrontant aux problématiques de vos clients, sur le terrain. Si au moins un client vous fait confiance, c'est que vous avez des compétences qui l'intéressent. C'est tout ce qui compte !

Nos peurs personnelles sont de puissants vecteurs d'inactions. Elles sont excellentes pour freiner nos envies et retarder nos changements de vie. Tout ce qui compte, c'est de se tester, se lancer et passer à l'action. C'est l'unique moyen de dépasser ses croyances. Pour enfin passer à l'action, je vous propose un exercice de visualisation.

Imaginer le pire scénario de sa vie

Tim Ferris a partagé lors de son TEDx[1] une réflexion que je trouve particulièrement intéressante pour mieux appréhender sa peur et ses prises de décisions. S'il est surtout connu pour l'immense succès de son livre *La semaine de 4 heures*[2] sur le business et le développement personnel, on sait aussi que jeune, il avait des tendances suicidaires et des phases de dépression sévères. Il pouvait se tuer à la tâche et travailler plus de 15 heures par jour pour créer sa première entreprise. Lorsque sa copine de l'époque le quitte et qu'il se retrouve dans une situation de paralysie où il n'arrive pas à se détacher de son entreprise pour prendre du temps pour lui, il se met à faire l'exercice suivant :

- **Étape n° 1** : anticiper l'échec – Quels sont les scénarios d'échec possibles ?
- **Étape n° 2** : visualiser ses réussites – Que se passe-t-il si vous réussissez ?
- **Étape n° 3** : évaluer le coût de son inaction – À quoi ressemblera votre vie dans deux ans si vous ne changez rien ?

1. https://www.ted.com/talks/tim_ferriss_why_you_should_define_your_fears_instead_of_your_goals?
2. Tim Ferris, *La semaine de 4 heures : Travaillez moins, gagnez plus et vivez mieux !*, Pearson, 2010.

Étape n° 1 : anticiper l'échec

Pour cette première étape, il découpe sa réflexion en trois parties. Il n'y a pas de limites sur le nombre de scénarios possibles. Par exemple, voici un extrait de ma réflexion personnelle lorsque je me suis lancé.

Définir	Prévenir	Réparer
Je n'arriverai pas à signer mes premiers clients.	Travailler sur des projets stratégiques gratuitement Utiliser mon réseau au maximum pour décrocher des petites missions	Je commencerai à postuler à de nouvelles offres d'emploi.
Je n'arriverai pas à gagner suffisamment d'argent.	Réduire mon train de vie pour quelques mois Construire un filet financier de sécurité de X €	Je trouverai un nouveau job en CDI dans une start-up.
J'ai peur de la solitude et de ce mode de vie.	Rencontrer d'autres freelances le plus possible Ne pas travailler seul chez moi	Je rejoindrai un collectif ou un espace de coworking.

MATRICE DPR

Et souvent, nos peurs viennent de trois éléments :

- **La réputation :** à quel point allez-vous mettre en jeu votre réputation ?
- **La carrière :** quel impact aura cette décision sur votre développement professionnel ?
- **Les opportunités :** sont-elles si intéressantes que ça ?

Si votre activité en freelance décolle au bout de 6 mois, votre famille et vos proches vous féliciteront, sans trop vraiment comprendre comment vous êtes arrivé jusque-là. À l'inverse, si vous galérez pendant plus d'un an, en comptant sur les aides de Pôle Emploi, on dira de vous que vous êtes un raté. Les gens penseront qu'ils avaient raison, et « que ce n'était pas la bonne idée de vous lancer alors que vous aviez un job confortable et bien payé ». Mais je vous rassure, ils oublieront vite, et vous retrouverez un emploi le temps de mieux préparer votre prochaine aventure.

Étape n° 2 : visualiser ses réussites

Cette première réflexion posée, passons à la seconde étape. Je me suis projeté dans le futur lorsque mon activité a atteint un palier qui me satisfait. J'ai pu ensuite visualiser quels seraient les bénéfices de cette réussite, à titre personnel comme professionnel.

Vous pouvez noter ces bénéfices sur une échelle de 1 à 10 en fonction de leur impact. Par exemple :

- Me prouver que je suis capable de réussir par moi-même.
- Développer des compétences qui me serviront tout le reste de ma vie.
- Construire de nouvelles relations fortes.
- Gagner plus d'argent que dans mon emploi actuel.
- Avoir la liberté de choisir d'où je travaille.

Étape n° 3 : évaluer le coût de son inaction

Quelles seront les conséquences de votre inaction ? Cette perspective est à envisager sur trois horizons de temps : 6 mois, 1 an et 3 ans, en évaluant les effets sur votre vie professionnelle, personnelle, votre santé mentale et physique, votre vie relationnelle…

Pour vous aider, essayez de répondre à ces questions sur les trois échelles de temps :

- Où êtes-vous ? Que faites-vous ?
- Comment vous sentez-vous ? Êtes-vous satisfait de votre vie ?
- Qu'est-ce qui bloque ? Pourquoi ?
- Êtes-vous frustré de ne pas être passé à l'action ? Pourquoi ?
- Qu'avez-vous accompli de nouveau depuis ? Êtes-vous satisfait ?

Après avoir fait cet exercice, vous vous rendrez compte que les coûts émotionnel, physique, financier et relationnel de ne pas avoir tenté l'aventure du freelance sont souvent bien supérieurs aux pires scénarios que vous aviez imaginés à l'étape n° 1. L'action sera bénéfique, peu importe l'issue de l'aventure 6 mois plus tard.

POINT D'ÉTAPE

Vos peurs sont légitimes, et je parle en connaissance de cause. Je me suis posé un tas de questions avant de me lancer.

Il y a d'abord les croyances externes qui peuvent vous freiner. Même si le freelancing ne date pas d'hier, il est remis au centre des discussions et incarne une approche différente du travail, en adéquation avec nos envies profondes.

Alors, comme tout ce qui est différent et non conventionnel, il y a toujours des détracteurs pour vous décourager de vous lancer. Mais le plus dur est de vous confronter à vos propres peurs. Vous n'êtes pas une exception. Tous les indépendants passent par ces questionnements.

J'aime parler de la stratégie des petits pas. Personne d'autre que vous ne prendra la décision de vous lancer. Il n'y a qu'une seule manière de faire : passer à l'action. Et pour ça, adopter la stratégie des petits pas. Chaque jour, vous allez mûrir votre projet, mettre en place les premières actions pour vous lancer dans les meilleures conditions possibles. Et ça tombe bien, je suis là pour vous aider dans cette nouvelle aventure !

Lorsque vous êtes décidé à vous lancer, vous pouvez passer à la première étape : évaluer vos compétences et votre savoir-faire.

Vos compétences sont la base de votre activité. Si elles vous paraissent une évidence, il y a pourtant de nombreux pièges à éviter… On se retrouve au chapitre suivant !

CHAPITRE 2

La base du freelancing

Dans le premier chapitre, nous avons fait sauter vos croyances limitantes et démystifié la peur de se lancer. Avant d'aller plus loin et de parler de vos offres, de votre positionnement, de votre organisation ou de la gestion client, j'aimerais revenir sur quelque chose d'indispensable.

Vos compétences sont à la base de votre activité. C'est simple et basique, et pourtant beaucoup de freelances oublient ce premier prérequis. Et 6 mois plus tard, ils ne vivent toujours pas de leur activité, n'ont pas d'offres claires et ont du mal à convaincre des prospects au téléphone de leur capacité à les accompagner.

Si vous n'avez pas les compétences qui ont de la valeur aux yeux de vos clients, et qui sont donc monétisables, il y a déjà un premier challenge à surmonter. Je pourrais vous donner tous les conseils imaginables pour lancer votre activité, mais sans compétences précises, je ne peux rien faire. Vous ne pourrez pas démarrer sans compétences et vous faire payer par vos clients si vous devez reprendre les choses à zéro. La première étape est donc de sélectionner des compétences que j'appelle « rares et utiles » et que vous allez monétiser et packager pour vos clients.

Pourquoi des compétences rares et utiles sont indispensables pour votre réussite ?

Vos compétences s'appuient généralement sur deux facteurs : votre expertise et votre expérience. Je ne crois pas aux discours qui consistent à dire que vous pouvez démarrer en partant de rien et construire l'activité de vos rêves en quelques mois. Cette idée n'existe que dans les publicités mensongères. Votre expertise grandit avec votre expérience, et non l'inverse.

Choisir des compétences rares et utiles

Sans mes multiples expériences professionnelles, j'aurais perdu beaucoup de temps au démarrage pour comprendre le fonctionnement d'une entreprise, ses challenges récurrents et les compétences que je pouvais monétiser facilement. C'est pour cela que j'ai décidé de consacrer un chapitre sur cette notion de compétences monétisables. Pour partir sur de bonnes bases, les compétences que vous devrez sélectionner devront être :

- **Rares :** difficiles à acquérir.
- **Utiles :** qui apportent une réponse à un besoin donné.

Sans compétences rares, les barrières à l'entrée sont très fortes pour de nouveaux arrivants. Vos clients pourront alors trouver d'autres solutions que vous pour répondre à leurs besoins. En effet, si vos compétences sont facilement réplicables, de jeunes freelances n'hésiteront pas à casser les prix en tirant le marché vers le bas. Cette notion de rareté est importante à comprendre. Des compétences rares vous assurent un avantage compétitif sur le marché et vous n'aurez plus peur de vos concurrents. Avec le temps, vous développerez une expertise fine en creusant toujours plus ces compétences.

Si vous vous lancez en tant que créateurs de sites Internet, vous cocherez la case « utile » car il y aura toujours besoin de gens qui créent des sites Internet. Mais cette compétence n'est pas rare. En tant que client, je peux très facilement trouver un autre freelance pour créer mon site Internet.

En revanche, si vous êtes coach sportif pour particuliers avec des problématiques bien spécifiques (par exemple des programmes adaptés pour des personnes avec une fragilité cardiaque), vous avez une compétence rare que l'on ne trouvera pas chez tous les coachs sportifs.

Être opérationnel dès le premier jour de votre aventure

Les salariés comme les freelances partagent la même approche économique sur un point : nous échangeons notre temps contre de l'argent. Mais le niveau de complexité n'a rien à voir. Lorsque nous sortons de l'école ou de l'université, soyons honnêtes, nous ne connaissons pas grand-chose. Nous avons certaines bases théoriques selon les spécialités choisies mais nos compétences sont limitées. Seuls les projets annexes et les rencontres avec des personnes plus expertes nous permettent de nous différencier des autres étudiants à la recherche d'un premier emploi.

Les entreprises le savent. Une grande partie d'entre elles acceptent d'accueillir des profils très juniors pour les faire monter en compétences. Certaines entreprises en font même un argument marketing. Elles parlent de bootcamp, d'exploration, de ramp up (montée en puissance). Bref, elles forment leurs nouvelles recrues sur plusieurs semaines, voire plusieurs mois, pour les rendre opérationnelles. Bien sûr, vous n'êtes pas moins payé pendant ce temps d'acculturation. Et pourtant, du point de vue de l'entreprise, le retour sur investissement est nul, voire négatif si l'on considère le temps passé et le budget dépensé pour former ces recrues ; le recrutement de collaborateurs plus expérimentés est plus rentable.

En tant qu'indépendant, l'histoire n'est plus la même. Vous comprenez bien qu'il est impossible de reproduire le même schéma : aucun client n'acceptera de vous payer pendant plusieurs semaines pour que vous puissiez monter en compétences avant d'être opérationnel et prêt à l'accompagner sur ses problématiques. Chacune de vos missions client vous permet d'apprendre. Mais vous devrez démontrer que vous êtes d'ores et déjà capable d'accompagner votre client sur ses problématiques.

Vous êtes le compagnon d'aventure de vos clients ! Or ils n'accepteront pas de vous confier une mission s'ils ne sont pas sûrs de vos compétences. Les compétences que vous avez acquises n'ont pas toutes la même valeur. C'est donc à vous de faire le bilan de vos compétences et de les évaluer (de 1 à 5 par exemple). Vous devrez aussi probablement apprendre de nouvelles compétences ou développer votre socle existant pour approfondir la notion de rareté dont j'ai parlé plus haut.

Identifier des compétences stratégiques de votre activité

Pourquoi ne faut-il pas suivre sa passion ?

Lorsque vous vous êtes décidé à vous lancer en freelance, vous vous êtes peut-être dit que vous alliez enfin pouvoir vivre de votre passion. Beaucoup de personnes nous encouragent à suivre notre passion pour en faire une activité rentable. Mais c'est sûrement l'un des plus mauvais conseils que j'ai entendus.

Bien sûr, la passion est un puissant facteur pour vous permettre de vous dépasser et de garder votre motivation dans les moments difficiles. Mais elle ne fait pas tout. En réalité, il est bien plus stratégique de partir de vos compétences, de vos centres d'intérêt et des opportunités que vous identifierez pour construire votre activité.

« Pourquoi certaines personnes prennent-elles du plaisir dans ce qu'elles font, tout en rencontrant le succès, quand d'autres continuent d'échouer années après années à vouloir vivre de leur passion ? » Le psychologue américain, Robert J. Valleran a mené une étude auprès de 539 étudiants à propos de leurs passions[1]. Il leur a simplement demandé ce qui les passionnait dans la vie. Toutes ces réponses ont ensuite été classées par type d'activité.

Catégorie	Type d'activité	% de participants
Sport individuel/activité physique	Cyclisme, course à pied, natation	34,85 %
Jeux d'équipe	Basketball, hockey, football	25,52 %
Loisirs passifs	Écouter de la musique, regarder des films	15,05 %
Pratique musicale	Jouer de la guitare, du piano	10,01 %
Lecture	Lecture de nouvelles, de poésie	4,95 %
Activité artistique	Peinture, photographie	3,96 %
Travail/Éducation	Travail en groupe, lecture dans son domaine d'étude	3,56 %
Relations interpersonnelles	Passer du temps en famille ou avec des amis	1,98 %

TAUX D'ENGAGEMENT DES ÉTUDIANTS EN FONCTION DE LEUR PASSION

À votre avis, parmi toutes ces activités, combien ont le potentiel de se transformer en une activité rentable ? Quelle est la probabilité que ces jeunes étudiants puissent vivre de leur passion ?

1. https://selfdeterminationtheory.org/SDT/documents/2003_VallerancBlanchard-MageauKoesnterRatelleLeonardGagneMacolais_JPSP.pdf

3 points clés pour identifier les bonnes compétences

Faire d'une passion son métier est extrêmement rare. La quasi-totalité de ces étudiants devront revoir leur stratégie pour trouver un emploi (ou devenir freelance). Prenons maintenant une autre approche que je préfère largement à l'éternelle question de la passion. Cette approche comprend trois grands points :

- **Votre expérience :** quelles sont les expériences sur lesquelles capitaliser ?
- **Vos intérêts :** que faites-vous par plaisir, sans vous soucier des autres ?
- **Les opportunités externes :** les gens sont-ils prêts à payer pour faire appel à vos compétences ?

Votre activité d'indépendant n'est pas un business autocentré sur votre personne comme on peut l'entendre dans certains discours de motivation. Vous devez réussir à trouver le juste équilibre entre votre ressenti et le monde extérieur. *In fine*, les gens prêts à payer pour mettre vos compétences à leurs services seront vos seuls arbitres. Et c'est important de le comprendre. Sans marché, pas de transaction. Et l'aventure s'arrête là.

Point n° 1 : votre expérience

Mes expériences professionnelles (en stage comme en CDI) m'ont aidé à tester certaines hypothèses et à identifier les opportunités pour développer des compétences. Surtout, elles m'ont permis d'être plus confiant dans ma capacité à résoudre des problèmes marketing au sein d'une entreprise. Si je prends du recul sur ces dernières années, mes expériences chez Toucan Toco et Crème de la crème ont été stratégiques dans le développement de mon activité de freelance.

> Lorsque je suis arrivé chez Toucan Toco en fin d'études, je n'avais que des connaissances théoriques sur le marketing, la transformation d'un prospect en client, la persuasion ou même les processus marketing. En revanche, j'avais développé une première base de compétences : l'écriture, avec la rédaction long format. Dans cette première entreprise, j'ai développé mes compétences marketing et d'écriture dans un contexte professionnel, avec une logique de résultat (mes actions devaient aider à développer le business).

Et puis, j'ai compris que les entreprises rencontraient de véritables challenges marketing. Par exemple, ce n'était pas si évident de trouver de bons rédacteurs de contenus dans une industrie B2B (des entreprises qui vendent à d'autres entreprises). J'ai compris que le socle de compétences que j'étais en train de développer grâce à mes expériences avait de la valeur pour les entreprises.

Pour Crème de la crème, l'illustration est encore plus marquante. Je n'ai jamais eu à postuler. Le directeur Marketing de l'époque m'a contacté pour me proposer de rejoindre l'équipe. Il cherchait un profil comme le mien avec des compétences en rédaction, mais aussi une expérience en B2B. Même si très vite, je n'ai pas été aligné avec la vision et les décisions de l'équipe, j'ai très vite pris beaucoup de responsabilités et mon périmètre d'actions s'est élargi. J'ai alors pu expérimenter de nouveaux projets, tester mes idées sans prendre de risques et acquérir de l'expérience en intégrant les codes du monde de l'entreprise.

Point n° 2 : vos intérêts

Vous venez de gagner au loto, vous empochez la jolie somme de 100 millions d'euros, de quoi être serein pendant un bon bout de temps. Vous placez 50 % de vos gains directement sur un compte bancaire. Le reste, vous le dépensez comme vous voulez. C'est le moment de se faire plaisir : maison, voiture de luxe, vacances *farniente* sur une île déserte, sorties, famille… Bref, le champ des possibles s'ouvre à vous. Il y a maintenant une bonne et une mauvaise nouvelle.

La mauvaise : vous avez terminé de dépenser vos cinquante premiers millions d'euros. La bonne, c'est que le placement des cinquante autres millions vous permet de ne plus jamais avoir à travailler. Nous sommes lundi matin, vous vous réveillez pour prendre votre café. Vous devez maintenant occuper votre temps. **Que faites-vous par plaisir intellectuel ?**

Passer sa vie à siroter des cocktails est vide de sens. Nous avons tous besoin de nous sentir utile, d'une manière ou d'une autre. Ce n'est pas pour rien que les plus grandes fortunes de notre monde continuent encore de travailler. La fortune de Bill Gates est estimée à 115 milliards de dollars et pourtant, il continue de travailler pour sa fondation. Dans un autre domaine, le youtubeur Casey Neistat, qui a pendant des années publié une vidéo quotidienne sur sa vie d'entrepreneur, serait aujourd'hui à la tête d'un pactole de 16 millions de dollars[1]. Mais lui aussi continue de travailler sur de nombreux business, car c'est ce qu'il aime faire par-dessus tout.

> Mes débuts dans le marketing n'étaient pas passionnés mais j'ai rapidement commencé à m'intéresser aux techniques marketing utilisées par les entreprises. Petit à petit, c'est devenu mon quotidien, sans avoir besoin de me forcer.
>
> Je suis aujourd'hui capable de passer des heures à lire des retours d'expériences d'une entreprise sur ses dernières actions marketing. Sur mon ordinateur, j'ai des centaines de captures de pages Internet dont j'ai analysé la structure pour en comprendre les mécanismes marketing.

1. https://wealthygorilla.com/casey-neistat-net-worth/

Point n° 3 : les opportunités du marché

Pour comprendre ce point, partons de la posture du passionné pour la comparer à celle du professionnel. Leur approche du travail n'a rien à voir.

Le passionné se concentre sur sa personne. Lorsqu'il réfléchit à son avenir, ses questionnements sont toujours les mêmes : « Qu'est-ce que le monde a de bien à m'offrir ? » J'aime bien prendre l'exemple du jeune diplômé qui démarre son premier CDI. On le sait, la première expérience n'est qu'un prolongement de notre apprentissage démarré à l'école. Et pourtant, nous avons souvent des exigences très élevées (quête de sens, manager une équipe, prendre des responsabilités rapidement, très bien gagner sa vie…). Les tâches qui nous sont confiées ne sont pas toujours passionnantes, alors on se frustre et on se dit que c'est inadmissible de devoir travailler sur ce nouveau projet. En freelance, j'ai observé les mêmes réflexions. Quand on débute et qu'on a peu d'expérience, cela ne semble pas surprenant qu'une entreprise ait du mal à nous confier des missions stratégiques, avec des budgets importants. Normal, puisque nous n'avons encore rien prouvé. Alors on démarre en bas de la colline, et c'est terriblement excitant de prendre son sac à dos d'idées et de compétences pour faire un pas après l'autre et arriver au sommet.

Quant au professionnel, il est tourné vers les opportunités externes de ses clients : « Quels sont les problèmes intéressants de mes clients sur lesquels je peux intervenir ? » Cette posture est intéressante puisqu'elle nous oblige à nous questionner sur notre valeur intrinsèque. Concrètement, de quoi suis-je vraiment capable ? Quels sont les problèmes que je peux résoudre grâce à mon expérience et à mes compétences ?

En étant honnête avec soi-même, on comprend alors rapidement qu'il va peut-être falloir revoir nos ambitions à la baisse pour débuter. Tom Critchlow est un consultant indépendant qui a travaillé sur une variété de projets. Il a été une belle source d'inspiration lorsque je me suis lancé. En 2018, il a publié un article pour revenir sur ses deux premières années en tant qu'indépendant[1]. Il explique que pendant les douze premiers mois, il n'a pas fait que des choses intéressantes, qui l'ont stimulé au quotidien. « J'avais besoin d'apprendre et de comprendre comment ce monde fonctionnait. » Le professionnel part des problèmes qu'il observe pour réfléchir aux réponses qu'il peut apporter. Sa réflexion démarre toujours de l'extérieur pour déceler les meilleures opportunités.

> Andréa Bensaid le sait bien[2]. Il est aujourd'hui à la tête d'Eskimoz, une agence SEO d'une centaine de personnes. Quand il s'est lancé il y a 7 ans, il n'a pas uniquement travaillé sur des missions passionnantes et il n'avait pas autant de liberté qu'aujourd'hui. Mais il avait détecté une opportunité chez ses clients pour le référencement naturel sur Google.
>
> Il s'est alors fait la main sur des projets parfois bancals, mais qui lui ont permis de développer des compétences rares, de se tromper et surtout, de savoir vers quoi il voulait se concentrer ! Vos compétences sont un prérequis indispensable pour démarrer votre activité. Et si vous n'en êtes pas convaincu, vous pouvez d'ores et déjà refermer ce livre et l'offrir à un nouvel aventurier.

Progresser grâce à la pratique délibérée

Plus jeune, à chaque soirée, il y avait toujours cette personne prête à dégainer sa guitare ou à utiliser le piano du salon pour nous jouer quelques morceaux. Je me suis essayé au piano. J'étais gonflé à bloc et plein de motivation. Malheureusement, je n'ai jamais été celui qui s'est assis au piano pour jouer un morceau. Et à chaque fois, je me suis demandé pourquoi je n'avais pas persévéré dans cet apprentissage.

1. https://tomcritchlow.com/2016/10/24/2-years/
2. Pour découvrir le parcours d'Andréa Bensaid, vous pouvez écouter l'épisode 32 du podcast Tribu Indé sur tribuinde.com

Le chemin pour apprendre à jouer d'un instrument est pourtant clair. Vous pratiquez régulièrement en prenant quelques leçons pour avoir les bons réflexes. Puis vous achetez votre instrument et quelques partitions pour parfaire vos gammes et jouer vos premiers morceaux. Vous pratiquez avec un objectif clair en tête, semaine après semaine. C'est ce que l'on appelle la *pratique délibérée*.

Idée clé

La pratique délibérée nécessite une attention ciblée avec un objectif spécifique à atteindre. La *pratique régulière* ne prend en compte que la répétition d'une tâche. Ce modèle d'apprentissage se réplique sur une infinité de disciplines.

J'ai, par exemple, développé mes compétences d'écriture et de copywriting de la même manière :

- J'ai acheté des dizaines de livres de non-fiction pour développer mon point de vue et mes convictions *(pratique régulière)*.
- J'ai lu des centaines d'articles et de pages de vente pour analyser et comprendre leurs structures communes *(pratique délibérée)*.
- J'ai discuté avec des personnes plus avancées que moi pour qu'elles partagent leurs méthodes et leurs façons de travailler *(pratique régulière)*.
- Je me suis créé un compte sur Medium[1] pour commencer à écrire et partager mes premiers contenus sur Internet *(pratique délibérée)*.

1. Medium est une plateforme américaine permettant de diffuser du contenu gratuitement, fondée par Evan Williams, qui est également à l'origine de Twitter. L'interface est simple et permet à tout monde de publier ses écrits sans avoir les compétences techniques nécessaires à la gestion d'un site ou d'un blog.

- Cinq années ont passé, je n'ai pas décroché et je continue d'apprendre avec mes clients *(pratique délibérée)*.

Quand on se lance à son compte, c'est exactement la même chose. Les freelances expérimentés que j'ai rencontrés sont partis d'une base de compétences qu'ils n'ont cessé de développer avec le temps. **Ce développement est le résultat d'un processus linéaire et empirique clair** :

- un intérêt pour un sujet,
- une pratique délibérée pour développer vos compétences,
- des opportunités marché pour les monétiser et vivre de votre activité.

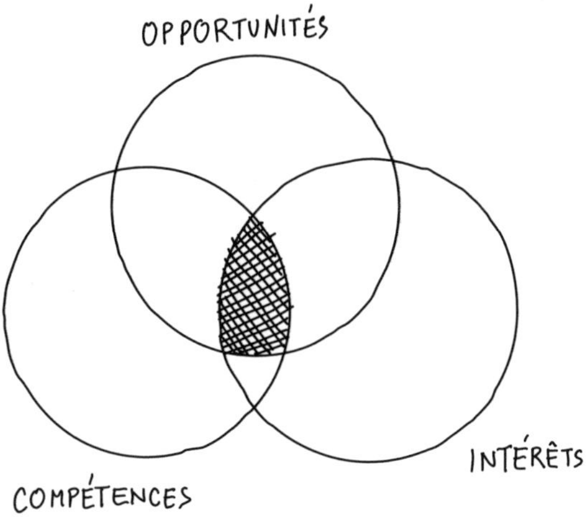

L'IKIGAÏ REVISITÉ

POINT D'ÉTAPE

Vos compétences stratégiques se retrouvent à l'intersection des trois points que nous avons évoqués tout au long du chapitre. Vous avez sûrement déjà entendu parler d'ikigaï, mais je préfère cette version pour rapidement passer à l'action et ne pas passer des semaines sur votre ikigaï.

- Si vous ne vous retrouvez que dans les cercles « Opportunités » et « Compétences », il y a de grandes chances que tout se passe bien pour vous, mais vous vous ennuierez à terme…
- Si vous ne vous retrouvez que dans les cercles « Compétences » et « Intérêts », vous serez probablement très heureux, mais vous ne trouverez pas de modèle économique viable en tant qu'indépendant…
- Si vous ne vous retrouvez que dans les cercles « Opportunités » et « Intérêts », vous resterez coincé au stade du rêve. Il vous faut maintenant développer vos compétences…

Suivre sa passion au démarrage de votre activité n'est sûrement pas la bonne option. Je vous conseille plutôt de réfléchir en profondeur aux trois points que nous avons évoqués ensemble, à savoir :

1. **Votre expérience :** comment pouvez-vous capitaliser sur vos expériences passées ?
2. **Vos intérêts :** je préfère parler d'obsession plutôt que de passion quand on parle de business plutôt que d'un hobby.
3. **Les opportunités du marché :** quelles sont les opportunités que vous avez identifiées en lien avec vos expériences et vos compétences ?

CHAPITRE 3

Les piliers pour devenir un freelance incontournable

La jungle du freelancing est un monde terriblement excitant, mais tout aussi effrayant quand on y met les pieds pour la première fois. On a l'impression de rentrer dans une spirale infinie où notre apprentissage ne s'arrête jamais. Périodiquement, il y a toujours une nouvelle vague de bonnes idées et de stratégies pour réussir en freelance. Un coup, c'est Instagram, puis ensuite LinkedIn et son algorithme fantastique. Et puis on vous parle de soft selling[1], de social selling[2], de réseau ou de cercle d'influence dont il faut absolument faire partie. Comme n'importe quel nouveau monde que l'on découvre, on est tenté d'aller explorer tout ce qui s'y fait, d'essayer les dernières tactiques à la mode et de fouiller dans les moindres recoins. La concentration sera l'une de vos plus grandes forces. En passant d'une ressource à l'autre, d'un conseil à l'autre, vous n'appliquerez rien.

Et si nous prenions un peu de hauteur ? Nous avons vu au chapitre précédent ce que sont les fondations des meilleurs freelances, des compétences rares et utiles que les gens sont prêts à payer pour résoudre leurs problèmes. Parlons maintenant des piliers qui viennent se poser sur votre base, pour soutenir votre activité d'indépendant.

---

1. Message publicitaire reposant sur les émotions.
2. Processus de vente *via* les réseaux sociaux.

Tous vos questionnements, les tactiques que l'on retrouve sur Internet et les conseils que l'on croise sur les réseaux sociaux (et ailleurs) peuvent finalement être regroupés en trois piliers. Si vous en maîtrisez les codes et gagnez en expérience sur chacun d'eux, vous n'avez aucune raison de ne pas réussir.

- **Pilier n° 1 :** votre jauge de crédibilité et votre réputation sur le marché.
- **Pilier n° 2 :** votre réseau et vos partenaires stratégiques.
- **Pilier n° 3 :** votre maîtrise des codes de la vente.

Chaque chapitre de ce livre se rattache à un ou plusieurs de ces trois piliers. Avant de les détailler, je tiens à partager une vue globale de chacun afin que vous ne vous perdiez pas dans des petits détails et que vous ne vous sentiez pas submergé par la quantité d'informations disponible sur Internet.

Pilier n° 1 : augmenter sa jauge de crédibilité

Stanley Milgram est considéré comme l'un des psychologues sociaux les plus importants du XXe siècle. En 1961, il publie les résultats d'une expérience sur l'obéissance à l'autorité[1]. Pour cette étude, il demande à un groupe de volontaires d'envoyer des décharges électriques à une personne assise derrière une vitre. Les décharges sont de plus en plus fortes et peuvent monter jusqu'à 450 V (nous ne sommes plus au niveau des doigts dans la prise !). La « victime » était un comédien qui ne recevait en réalité aucune décharge. La plupart des volontaires voyant souffrir le comédien voulaient arrêter l'expérience. Mais le professeur Milgram répondait calmement « Continuez, l'expérience l'exige ». Plus de la moitié des participants sont allés jusqu'au maximum de l'intensité. Comment expliquer un tel résultat ?

1. https://fr.wikipedia.org/wiki/Exp%C3%A9rience_de_Milgram

Le respect de l'autorité. Comment pouvaient-ils remettre en question les consignes d'un médecin ? Il vous sera beaucoup plus facile de convaincre votre prospect de travailler avec vous s'il a déjà 1/une image positive de votre travail et 2/que vous apparaissez comme une autorité sur votre marché, aussi petit soit-il.

Par ailleurs, il n'y a rien de pire qu'un client qui remet systématiquement en doute vos recommandations. Pour faire votre travail correctement, votre client doit avoir confiance en vous et en vos capacités. Vous êtes l'expert, celui qui est capable de répondre à ses problématiques. **Votre réputation est l'un de vos facteurs clés de succès**. L'un de vos objectifs à long terme est donc d'augmenter votre jauge d'autorité, petit à petit.

> Louis Fouché est un créateur de vidéos. Il y a 4 ans, il crée son agence d'audiovisuel Grain dont l'activité est de produire des vidéos pour des marques. Très vite après ce lancement, il crée sa chaîne YouTube du même nom pour apprendre à faire de meilleures vidéos. En avril 2020, il ouvre les portes de son école en ligne pour ajouter un volet formation à son activité.
>
> Cette première rentrée est un carton ! Plus de 200 personnes s'inscrivent pour un lancement à plus de 150 000 €. Une des explications de ce succès reprend le concept de jauge de crédibilité et d'autorité. En quelques années, il a prouvé que nous pouvions lui faire confiance sur les thématiques photos et vidéos. Et pour preuve, sa chaîne YouTube compte aujourd'hui plus de 100 000 abonnés.
>
> « Les personnes qui suivent mon travail comprennent que je ne suis pas un touriste fraîchement débarqué il y a une semaine. Ils ont déjà vu ce que je produis, ce que je partage sur YouTube et sur mes différents réseaux sociaux depuis plusieurs années maintenant. Ils m'accordent leur confiance pour que je puisse les accompagner à mon tour. »

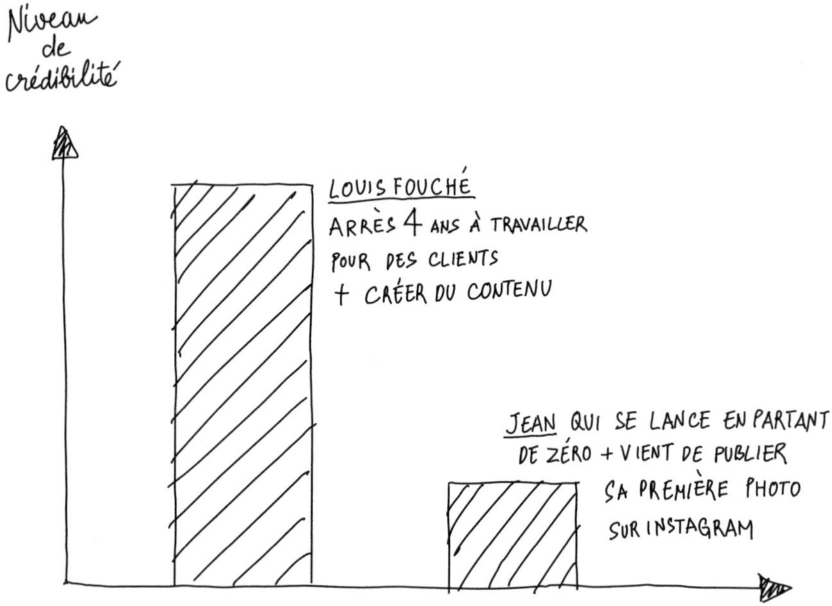

LA JAUGE DE CRÉDIBILITÉ

Cette jauge est influencée par un certain nombre de facteurs comme :

- notre niveau d'expertise en fonction de nos compétences,
- nos expériences personnelles et professionnelles,
- notre audience et notre réseau,
- notre valeur perçue, l'image que nous renvoyons au monde extérieur.

« Est-ce que je peux lui faire confiance ? » est l'une des questions essentielles qu'un client se posera avant de travailler avec vous. Alors, êtes-vous capable de lui prouver qu'il peut vous faire confiance ?

Pilier n° 2 : s'entourer de partenaires stratégiques

En passant en revue l'ensemble des missions effectuées sur ma première année d'activité, j'ai constaté que 70 % provenaient de mon réseau (en direct ou mise en relation). Et je suis loin d'être une exception ! La grande majorité des indépendants que j'ai reçus sur Tribu Indé vous diront la même chose. Une grande partie de leurs missions vient, d'une manière ou d'une autre, de leur réseau.

> Rémi Rivas est un ami lui aussi indépendant depuis plusieurs années déjà. Quand il se lance, la première chose qu'il fait, c'est de prendre un abonnement dans un coworking pour développer son réseau et rencontrer du monde. Eh bien, 100 % de son chiffre d'affaires facturé la première année a comme point d'entrée l'espace détente de son coworking. Il profitait de ses pauses pour rencontrer des partenaires, d'autres indépendants et même des clients.

De mon côté, sur l'ensemble de mes missions en 2019, 60 % des collaborations sont venues de mon réseau. Il y avait bien sûr mon réseau direct, lié à mes précédentes expériences, la communauté Tribu Indé et les auditeurs du podcast, et puis mes clients qui partagent mon travail et me recommandent à leurs pairs.

Tout le monde peut vous apporter du business, d'une manière ou d'une autre. Mais rien de positif ne pourra se produire si vous attendez patiemment sur votre canapé que quelqu'un pense à vous.

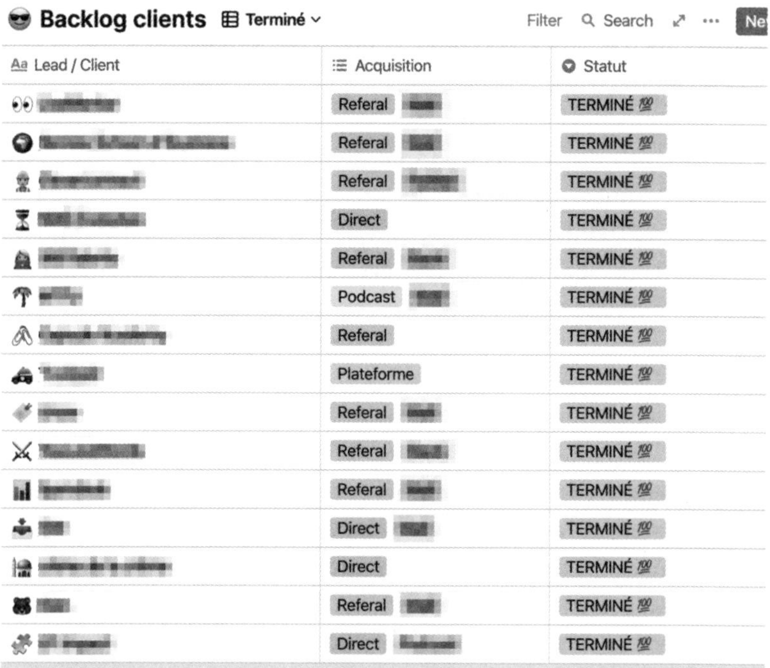

Backlog clients · Terminé · Filter · Search

Lead / Client	Acquisition	Statut
[redacted]	Referal [redacted]	TERMINÉ 💯
[redacted]	Referal [redacted]	TERMINÉ 💯
[redacted]	Referal [redacted]	TERMINÉ 💯
[redacted]	Direct	TERMINÉ 💯
[redacted]	Referal [redacted]	TERMINÉ 💯
[redacted]	Podcast [redacted]	TERMINÉ 💯
[redacted]	Referal	TERMINÉ 💯
[redacted]	Plateforme	TERMINÉ 💯
[redacted]	Referal [redacted]	TERMINÉ 💯
[redacted]	Referal [redacted]	TERMINÉ 💯
[redacted]	Referal [redacted]	TERMINÉ 💯
[redacted]	Direct [redacted]	TERMINÉ 💯
[redacted]	Direct	TERMINÉ 💯
[redacted]	Referal [redacted]	TERMINÉ 💯
[redacted]	Direct [redacted]	TERMINÉ 💯

LES SOURCES D'ACQUISITION DE MES CLIENTS EN 2019

Pilier n° 3 : maîtriser les grands principes de la vente

Quand on me parlait de vente, de vendeur et de démonstration, je pensais toujours au camelot à la Foire de Paris avec son extracteur de jus manuel[1]. Fièrement installé à son stand, béret sur la tête, T-shirt « Roi de la Foire », il démarre sa présentation. Il ne s'arrêtera pas pendant les dix prochaines minutes. Il passe d'une démonstration à l'autre, il répète plusieurs fois les mêmes gestes pour bien ancrer le produit dans la tête du prospect. Sa technique est très efficace, il vendra cinq appareils à la fin de sa démonstration. À 10 € pièce, les

1. https://www.youtube.com/watch?v=q1Lq7PXQclg

dix minutes de ventes sont plutôt rentables, non ? Malheureusement certains indépendants se sont un peu trop inspirés de ces excellents vendeurs. Nous ne vendons pas des petits produits à 5 € (ou alors il faut revoir notre business model). Et surtout, nous ne sommes pas pour tout le monde.

Au moins une fois par semaine, je discute avec un indépendant que je ne connais pas. Je suis toujours curieux de comprendre la manière dont il (ou elle) va se présenter et me faire partager ce qu'il fait. Et bien plus d'une fois, je suis tombé sur un vendeur d'extracteur de jus. Il démarre sa présentation et ne s'arrête pas. Le discours est souvent décousu et rempli de buzzwords en tout genre. Je ne peux même pas en placer une. À votre avis, est-ce que j'ai envie d'en savoir plus ? De poser d'autres questions et de rester en contact ? Bien sûr que non ! Nos clients n'ont pas envie que l'on parle de nous. Ils veulent être écoutés, compris, rassurés, être sûrs d'être bien accompagnés. Vous aurez l'occasion de parler de vous dans un second temps.

S'inspirer des codes de Sherlock Holmes

La première chose à faire est de poser les bonnes questions et surtout, de s'intéresser à l'autre, et ce, quelle que soit la situation (clients, partenaires, réseau...). On pense à tort qu'il faut à tout prix mettre en avant notre expertise et notre personne. Mais notre client achètera un résultat et une solution à son problème. Rien d'autre. En commençant par vous intéresser à lui, à sa situation et à ses challenges, vous serez en capacité d'adapter votre discours. Lorsque j'ai rencontré pour la première fois Oussama Ammar dont je vous ai déjà parlé dans l'avant-propos de ce livre, je lui ai demandé comment il présente The Family et par quoi il commence.

« Un bon pitch, c'est un pitch personnalisé. Je ne démarre jamais un pitch sans avoir posé quelques questions pour qualifier la personne. Les mauvais pitcheurs ont un pitch standard. Ils ne comprennent pas que le pitch, c'est une interaction. Tu dois t'adapter à la personne pour trouver ce qu'il faut dire pour que la personne comprenne ce que l'on peut lui apporter. Quand je rencontre un financier, je décris The Family comme une infrastructure qui permet d'acquérir de l'optionalité dans un certain nombre de classes d'actifs. Quand j'en parle à mes proches, c'est une famille d'entrepreneurs prêts à tout pour réussir. J'adapte mon message à l'interlocuteur en face de moi. »

Un bon freelance est un technicien business

Nous n'avons pas besoin de vendre, comme Jean-Louis vend ses voitures dans sa concession. Nous ne sommes pas là pour convaincre à tout prix notre client qu'il a besoin de nos services immédiatement, avec une offre irrésistible qui s'autodétruira dans 48 heures. Vous ne voulez pas être ce genre de vendeur.

Votre force se trouve dans la compréhension que vous avez d'un marché et de la manière dont fonctionne le business de votre client. J'observe trop de freelances qui se focalisent sur leur savoir-faire et leur expertise. C'est un prérequis indispensable pour être confiant dans ce que vous apportez à votre client. Mais ce n'est que l'étape initiale. L'une des composantes clés est de comprendre le business model de l'entreprise et ses différentes facettes :

- Comment fait-elle de l'argent ?
- Comment est-elle structurée et pourquoi ?
- À quoi ressemble le parcours d'achat ?
- Qui sont les clients ? Pourquoi cette cible précisément ?

Et ces questions ne s'adressent pas seulement à des freelances sur des thématiques marketing. Que vous soyez graphiste, développeur ou que vous gériez les réseaux sociaux de vos clients, il est indispensable de comprendre comment votre client gagne de l'argent. Ainsi, vous comprenez dans quel environnement vous allez intervenir, et surtout, vous visualisez l'impact de votre intervention sur le business de l'entreprise.

- À quelle(s) étape(s) stratégique(s) votre client a-t-il besoin de vous ?

- Quels sont les points critiques auxquels vous apportez une véritable solution ?
- Comment allez-vous aider votre client à se différencier de ses concurrents ?

Lorsque vous vous adressez à des particuliers comme des coachs sportifs, des décorateurs d'intérieurs ou même des sophrologues, vous appliquez la même logique. Quels sont leurs problèmes profonds ? Comment en sont-ils arrivés à faire appel à vous ? Pourquoi ont-ils besoin de vous ? Pour quels résultats ? Vers quoi se projettent-ils ?

Votre client ne connaît pas toujours votre expertise. Si vous commencez par lui parler de ce que vous faites, il ne connectera pas votre activité à ses besoins. Prenez l'image du copilote sur une « spéciale » en rallye. Le pilote compte sur vous pour anticiper les prochains virages et les bonnes directions à prendre *(la solution)* pour faire le meilleur temps *(résoudre son problème)*. Vous agissez comme le meilleur copilote, à l'écoute et prêt à vous adapter à n'importe quelle situation.

POINT D'ÉTAPE

Lorsque vous vous lancez en indépendant, à votre compte, vous ouvrez la boîte de Pandore et des dizaines de possibilités s'offrent à vous. Mais une grande aventure n'est rien sans obstacles. Vous et moi, nous sommes des indépendants courageux, prêts à les surmonter un par un. Pour avancer et ne pas vous perdre en chemin, votre équipement de base doit être impeccable. Nous avons parcouru l'inventaire des indispensables :

1. Votre jauge de crédibilité pour sortir du lot.
2. Votre réseau et vos futurs partenaires stratégiques.
3. Votre écoute active et la maîtrise des bases de la vente.

La valeur de votre travail = compétences (rares et utiles) + crédibilité + communication (savoir vendre) + votre réseau

La suite du livre plongera dans chacun de ces piliers. On continue ?

CHAPITRE 4

Construire sa vision pour anticiper le futur

Travailler sur sa vision et ses objectifs à long terme sont deux choses qui sont longtemps restées abstraites pour moi. J'avais beaucoup de mal à croire que ces réflexions pouvaient me servir à quelque chose. C'est toujours difficile de se projeter dans 20 ans alors qu'on ne sait même pas ce qui nous arrivera d'ici un an. Mais l'intérêt de l'exercice est justement là. Vous réfléchissez à quelque chose de bien plus grand que vous, peut-être même quelque chose qui vous semble impossible aujourd'hui. Cette grande vision doit vous donner la motivation d'avancer jour après jour vers cet objectif. C'est pourquoi j'aime cette réflexion à 20 ans, plutôt qu'à 3 ans, car elle me force à voir beaucoup plus grand.

Dans les moments de doutes et durant les journées plus difficiles, j'aime me rappeler pourquoi je mets autant d'énergie au quotidien. Je me suis fixé un cap pour donner une direction à mes actions, aussi petites soient-elles, chaque jour. Si vous n'avez pas de vision pour votre futur, vous deviendrez petit à petit esclave de votre activité. Vous ne savez pas où aller, alors vous continuez, et un jour ou l'autre vous serez rattrapé par les mêmes questions qui vous ont mis sur la voie du freelancing. « Pourquoi je me suis lancé ? Dans quel but ? Quelle mission je veux accomplir en me levant chaque matin ? »

Votre projection à long terme devient ainsi le carburant de votre quotidien. Mais par où commencer lorsque l'on part d'une feuille blanche ? C'est un travail très personnel où il n'y a pas de bonnes ou de mauvaises réponses. Bien sûr que votre vision évoluera avec le temps. Beaucoup n'osent pas réfléchir en profondeur à ces questions par peur de figer leur vision. Pourtant, il y a trois ans, je n'avais pas les mêmes envies. Et dans trois ans, j'aspirerai peut-être à autre chose, mais ce qui compte, ce n'est pas d'atteindre à tout prix votre vision. Il n'y a pas de compétition ni de comparaison avec les autres à avoir. Chaque année, je réfléchis de nouveau à mes grands objectifs, et je me pose tout un tas de questions que vous retrouverez dans les prochaines pages.

Le lien entre votre vision et votre quotidien

Gary Vaynerchuck est un entrepreneur américain à la tête de plusieurs entreprises dont Vayner Media, une agence de social media pour les marques. Son grand rêve à lui, c'est d'acheter les New York Jets, une équipe de football américain basée dans le New Jersey. C'est l'une des 20 franchises sportives les plus chères du monde, avec une valorisation qui dépasse le milliard de dollars. Malgré son succès dans le monde des affaires, il reste encore très loin de pouvoir s'offrir cette équipe. Gary a les deux pieds sur terre, mais son objectif le dépasse complètement.

C'est là toute la différence entre une vision à long terme et votre travail au quotidien. Imaginez votre objectif à long terme comme quelque chose d'incroyablement haut, au sommet de notre plus grande montagne. Là-haut, tout est blanc, silencieux et vierge. Votre quotidien est quant à lui très différent. Tous les jours, vous bataillez, parfois dans le chaos. Mais vous avancez vers vos objectifs, un pas après l'autre. Tout ce qui compte, c'est de faire en sorte que votre travail au quotidien vous rapproche de ce sommet qui semble inaccessible si on lève la tête, mais qui, dans 15 ans, sera beaucoup plus proche que vous ne le pensez.

Par exemple, vous avez l'objectif d'acheter un terrain au bord d'un lac à l'autre bout du monde et de faire construire votre maison en bois avec un petit ponton sur le lac. Vous aimeriez pouvoir accéder à votre maison uniquement par les airs avec un hydravion qui amerrit sur le lac pour se garer à côté de votre petit ponton. Vous êtes au calme, en pleine nature (mais avec un bon WiFi !) et votre bureau a une vue panoramique sur les eaux calmes du plan d'eau. Vous êtes sur votre nuage.

La « boue » représente votre quotidien. Cette activité en freelance vous permet de générer les revenus nécessaires pour accomplir cette vision dans 20 ans. Chaque journée passée à travailler vous rapproche, d'une manière ou d'une autre, de votre objectif. Vous pouvez travailler depuis l'étranger pour tester le modèle et savoir si ce sera possible de le faire depuis votre maison. Vous testez aussi le fait de travailler seul chez vous, pour vos clients. Vous construisez vos offres, accompagnez vos clients, structurez votre activité, créez votre écosystème de contenus et faites de votre mieux pour servir vos clients et vous rapprocher de vos ambitions. Vos journées ne seront jamais toutes exceptionnelles. Il y aura des jours sans, des coups de mou et des baisses de motivation. Mais votre cap vous servira de boussole pour vous rapprocher de vos objectifs. Toute la difficulté est de définir quels seront ces objectifs à long terme.

Se projeter sur le long terme, un exercice difficile

Personne n'est capable de prédire avec certitude ce qui se passera dans sa vie d'ici 10 ans. Harold Egbert Camping, un animateur de radio chrétienne américain, est devenu célèbre en pensant avoir réussi à prédire la fin du monde avec exactitude, grâce à la numérologie[1]. Le 21 mai 2011 devait être le jour du jugement dernier et la fin de la vie sur terre. La bonne nouvelle, c'est que nous sommes encore en vie, 10 ans plus tard.

Nous sommes très forts pour prédire le très court terme. Mais plus vous demandez à votre cerveau de prédire le long terme, plus vous lui demandez un effort important. Vous n'avez même pas à réfléchir si je vous demande ce que vous ferez dans les prochaines secondes. Réfléchir à ce que vous prévoyez d'accomplir dans la journée, puis dans la semaine vous demandera déjà un peu plus d'effort. Alors imaginez dans 20 ans !

Rarement dans notre éducation on nous a demandé de nous projeter à long terme, si ce n'est pour savoir ce que l'on aimerait faire comme métier quand on sera grand. Dans une entreprise, l'exercice n'aurait que très peu de sens. Une équipe fondatrice est capable de se projeter à long terme puisque le projet leur appartient. Mais demander à un salarié d'avoir une vision à long terme pour lui et pour l'entreprise n'aurait aucun intérêt. Aujourd'hui, je serais curieux de savoir si beaucoup de personnes se projettent encore aussi longtemps dans une même entreprise.

Quand on devient freelance, les règles du jeu ne sont plus du tout les mêmes. Vous avez les pleins pouvoirs sur vos décisions et vous êtes libre de mener votre aventure comme bon vous semble. Votre progression est le résultat de petites tâches qui ne dépendent que de vous. Et pour le même objectif, deux personnes auront probablement des approches radicalement différentes.

D'ailleurs, lorsque l'on réfléchit à ce que l'on veut accomplir en tant que personne, nous sommes tentés de regarder ce qui se passe ailleurs. Inconsciemment, nous nous comparons souvent aux autres. Or, la mauvaise nouvelle est qu'il y aura toujours meilleur que vous. Il y aura toujours des indépendants beaucoup plus avancés que vous,

---

1. Divination au moyen des nombres (*Larousse)*.

qui auront déjà fait leurs preuves. Il y aura toujours des créateurs qui auront plus de réussites que vous.

Mais rassurez-vous, ces personnes-là se comparent également à des personnes plus avancées. C'est une course sans fin qui ne s'arrête jamais. Le sommet n'existe que dans notre esprit. Il y a toujours une marche supplémentaire que d'autres auront franchie pour grimper encore plus haut. Votre vision est ce qu'il y a de plus personnel. Vous pouvez dupliquer un positionnement, une offre ou une méthodologie. Si vous reproduisez simplement la vision d'un autre, vous ne choisirez pas le bon carburant pour avancer au quotidien. Démarrer d'une feuille blanche n'est jamais facile. Pour vous guider dans vos réflexions, je vous propose trois variables à prendre en compte.

Les 3 dimensions indispensables pour construire sa vision

Pour démarrer votre réflexion, je vous conseille de vous demander ce qui compte pour vous aujourd'hui. Le sujet est suffisamment vaste pour ne pas vous limiter :

- Avoir du temps pour vous et vos passions ?
- Gagner de l'argent en créant quelque chose de vos propres mains ?
- Travailler et vivre depuis n'importe quel endroit dans le monde ?
- Rencontrer et travailler avec des personnes inspirantes au quotidien ?
- Tester des projets le plus rapidement possible ?
- Construire un patrimoine financier et arrêter de travailler dans 20 ans ?

Lorsque vous allez commencer à noter vos premières réflexions, vous ne penserez souvent qu'à une seule dimension, vos possessions, que l'on symbolisera ici par le verbe « avoir ». C'était justement notre exemple de la maison près du lac.

Maintenant, j'aimerais ajouter deux nouvelles dimensions pour porter à trois les ingrédients essentiels afin de construire votre vision :

1. **Vos possessions** ; verbe « avoir ».
2. **Vos actions** ; verbe « faire ».
3. **Votre comportement** ; verbe « être ».

Ajoutez maintenant de nouvelles dimensions intéressantes :

- Acheter une Aston Martin DB11 comme James Bond ? (possession)
- Vendre une série de conférences à travers le monde ? (action)
- Devenir un auteur de best-sellers ? (comportement)

Ces trois ingrédients continuent de servir le même objectif, c'est-à-dire à déterminer ce qui vous motive au plus profond de vous pour aller de l'avant chaque jour. Je réponds ensuite à chaque question pour trois domaines : ma santé, mes activités professionnelles et mes relations.

Pourquoi ne pas seulement rester sur des sujets professionnels ? Votre vision doit dépasser la seule sphère professionnelle avec un questionnement plus large. Le plus grand risque en freelance, c'est d'oublier pourquoi nous travaillons. Le puits est sans fond et vous pouvez passer 12 heures par jour à travailler, même si ce n'était pas votre objectif initial. À quoi bon vous lancer en freelance et vous astreindre à travailler autant alors que vous préféreriez passer plus de temps à voyager seul ? C'est à cela que sert cette introspection, à mettre des mots sur vos aspirations profondes.

- Que feriez-vous si vous étiez sûr de réussir ?
- En vous projetant dans 25 ans, que s'est-il passé dans votre vie ?
- À quoi ressemblerait votre journée idéale si vous n'aviez aucune contrainte ?

- Où vivez-vous ? À quoi ressemble votre maison ?
- Quelle est la première chose que vous faites en vous levant le matin ?
- Quelle relation avez-vous avec votre entourage ?
- Quel genre de conversation avez-vous envie d'avoir avec vos amis ?
- De quoi parlez-vous au petit déjeuner ? Et au dîner ?
- À quoi ressemble votre activité professionnelle ?
- Qui sont vos clients ? Que faites-vous pour eux ?
- Quelles sont les trois personnes qui vous inspirent ? Et pourquoi ?
- Quel est votre objectif professionnel à 10 ans ?
- Sur votre temps libre, que faites-vous ?
- Que pensent les gens de vous ?
- À quoi pensez-vous avant de vous coucher ?

Pour rendre plus claire votre vision, vous pouvez maintenant regrouper l'ensemble de vos réponses dans un document de synthèse en reprenant la structure suivante :

1. Une phrase de synthèse qui résume votre vision pour chaque section (business, santé, relations).
2. Ce que vous souhaitez être/faire/avoir ?
3. Et pourquoi ?

Votre vision clarifiée, il va maintenant falloir la rendre actionnable, même sur le très long terme. Sinon, ce ne sont que des mots perdus dans un document sur votre ordinateur.

Quelles sont vos motivations profondes ?

Ce livre a aussi pour objectif de vous rendre meilleur pour vous faire progresser dans votre activité. Mais même cette notion de progrès est subjective. C'est à vous de savoir ce qui vous rend meilleur.

- Plus d'argent ? Pourquoi ?
- Plus de clients ? Pourquoi ?
- Travailler moins ? Pourquoi ?

> Cette projection n'est pas figée dans le temps. Elle se transformera à mesure que vos objectifs et vos aspirations évoluent. Lorsque j'ai invité Alexandre Dana, le fondateur de LiveMentor, sur le podcast Tribu Indé, il m'a surpris avec une question que je n'avais pas anticipée :
>
> **A. D. : Pourquoi as-tu décidé de te lancer ? Qu'as-tu envie d'accomplir à plus long terme ?**
>
> A. M. : Je voulais construire quelque chose par moi-même sur lequel je pouvais compter en gagnant bien ma vie, tout en travaillant sur des projets qui me plaisent.
>
> **Pourquoi c'est important pour toi ?**
>
> Je veux avoir le choix de mes décisions et développer mes compétences pour construire des actifs immatériels (compétences utiles) qui me serviront toute ma vie. C'est important aussi de me prouver que je peux gagner de l'argent par moi-même, sans dépendre d'un employeur.
>
> **Pourquoi cette question est importante pour toi ?**
>
> L'argent me permet d'être plus libre, de tester de nouveaux projets, de voyager et de travailler moins demain sans avoir peur de manquer.

J'ai répondu à sa dernière question sous l'angle de l'argent. J'aurais très bien pu répondre tout à fait différemment, mais cette réponse n'est pas anodine. Si l'argent est le résultat de ma réussite et un moyen de choisir comment allouer mon temps demain, la prochaine question à me poser serait de savoir de combien d'argent j'ai besoin. Ma vision sur l'argent n'est donc plus « Je veux bien gagner ma vie pour profiter » mais « Je veux gagner 8 000 € par mois pour ne plus stresser et sélectionner des projets auxquels je crois ». Ces deux formulations veulent presque dire la même chose, mais l'une vous poussera à l'action, alors que l'autre restera une vague idée dans votre tête, sans possibilité de mesurer vos progrès.

Un autre exemple. Admettons que vous êtes devenu indépendant pour travailler moins, tout en gardant votre niveau de vie actuel. Si vous vous arrêtez à cette affirmation, vous avez une grande vision – travailler moins –, mais il vous manque le carburant pour avancer chaque jour vers votre objectif. Il vous manque quelque chose de précis pour jauger votre progression et vous rapprocher de votre grande vision.

- Quel est votre train de vie actuel ?
- Combien de journées voulez-vous travailler chaque semaine ?
- Parmi ces journées, combien comptez-vous en dédier à vos projets clients ?

Vous connaissez maintenant l'objectif à atteindre pour chaque journée facturée, pour être cohérent avec votre vision. Le chapitre 12 est entièrement consacré à la facturation de vos services et leur valeur pour vos clients.

Vous ne pourrez pas avancer si vous ne comprenez pas le système dans lequel vous évoluez. Votre vision et vos grands objectifs sont là pour cadrer votre propre système.

> Mathias Abramovicz[1] est un analytique comme on en croise rarement. Il a créé Ignited Kingdom pour aider les grandes entreprises à imaginer de nouveaux produits que leurs clients voudront acheter.

1. Découvrez le parcours de Mathias dans le podcast Tribu Indé : https://tribuinde.com/podcast-explore-02-mathias-abramovicz/

En le recevant dans le podcast Tribu Indé, j'ai voulu comprendre comment il travaillait sa vision long terme. Il a alors partagé avec moi sa méthode en quatre dimensions et trois horizons temporels.

Les quatre dimensions :

- **Émotionnelle :** quelles sont les choses qui me plaisent ?
- **Éducative :** qu'est-ce que j'ai envie d'apprendre ? Sur quoi ai-je besoin de monter en compétences ?
- **Sociale :** avec qui ai-je envie de passer du temps ? Comment je veux être perçu par les autres ?
- **Patrimoniale :** qu'est-ce que j'ai envie de posséder (sur les plans matériel et financier) ?

Il représente ensuite ces quatre dimensions sur trois horizons de temps différents :

- Court terme (12 mois)
- Moyen terme (4-5 ans)
- Long terme (10 ans)

Imaginez une matrice avec toutes vos réponses, et vous avez là un document complet pour trouver un cap et donner une direction à votre activité ! Cet exercice complète très bien ce que nous avons vu précédemment dans le chapitre.

POINT D'ÉTAPE

Réfléchir sur sa vision m'a toujours semblé quelque chose de trop perché, impalpable et difficilement actionnable. Et pourtant, avec le recul, j'ai compris l'importance de se poser des bonnes questions dès le démarrage de mon aventure. Finalement, toutes les questions introspectives que l'on se pose ont toutes le même objectif, à savoir : répondre à la question : « Pourquoi je fais ce que je fais aujourd'hui ? » Mais se poser des questions sur ses envies, ses aspirations et ses objectifs à long terme n'est simple pour personne (et moi le premier). Pourtant, cela permet de comprendre l'impact de ses actions quotidiennes sur les prochaines années.

Personne ne nous a appris à nous projeter sur le long terme. Notre cerveau est très fort pour nous aider à nous projeter sur le très court terme. Mais dès que l'on commence à penser en semaines, en mois et en années, l'exercice devient de plus en plus difficile. C'est un effort conscient qui permet de créer une base de réflexion. Bien sûr, ces réflexions vous appartiennent et ne sont jamais gravées dans le marbre. N'oubliez pas que l'on parle de votre aventure (et non de celles des autres).

Gardez en tête ces trois fondamentaux lorsque vous reviendrez sur toutes les questions posées dans ce chapitre :

- **Vos possessions :** acheter une Aston Martin DB11 comme James Bond ?
- **Vos actions :** vendre une série de conférences à travers le monde ?
- **Votre comportement :** devenir un auteur de best-sellers ?

PARTIE 2

Construire son offre

CHAPITRE 5

Comment choisir entre spécialiste et généraliste ?

Léonard de Vinci est l'un des plus grands génies de l'histoire. De l'architecture à l'anatomie en passant par la peinture et la géologie, il devait être une personnalité fascinante à côtoyer. Mais c'était un touche-à-tout procrastinateur. D'ailleurs beaucoup d'artistes et de familles aristocrates de l'époque questionnaient sa capacité à aller au bout de ses projets, comme le rapporte Walter Isaacson dans sa biographie sur De Vinci[1] : « Alors qu'il approchait de son trentième anniversaire, Léonard n'avait que très peu de choses à montrer au grand public. »

Son approche du travail a toujours été particulière. On pense, souvent à tort, que Léonard de Vinci était un artiste accompli, qui voguait au gré de ses inspirations. En réalité, c'était un freelance de l'époque. Oui oui, vous avez bien lu. Et cinq cents ans plus tard, des millions de personnes se pressent, smartphone et perche à selfies dans la main pour venir admirer *La Joconde*. Mais ce tableau n'est pas le résultat de la seule inspiration artistique de De Vinci. Ce n'est que la commande d'un noble florentin. Il vendait donc son temps et son savoir-faire à des puissants de la Renaissance. Léonard de Vinci est considéré aujourd'hui comme un polymathe, c'est-à-dire une personne dont

1. *Léonard de Vinci. La Biographie*, Quanto, 2019.

l'expertise peut couvrir une variété de sujets. On serait presque sur un généraliste niveau 10, non ?

Il y a toujours eu de grandes idées qui s'affrontent. D'un côté les généralistes ne trouvent aucun avantage à se spécialiser. Ils ont peur de ne pas trouver suffisamment de clients pour vivre, tout en s'enfermant dans quelque chose dont ils risquent de se lasser. De l'autre, les spécialistes qui pensent dur comme fer que la seule route sûre à emprunter est de focaliser son attention sur un problème précis, rencontré par sa cible. Ces deux groupes pourraient bien avoir raison tous les deux. Allons décortiquer cela ensemble.

Le rôle de l'école dans l'approche spécialiste/généraliste

Quand je pense à mes grands-parents, ils ont exercé le même métier durant toute leur vie. Aujourd'hui, quand je regarde mes amis autour de moi, ils ont presque tous changé au moins une fois d'entreprise (voire de métier) et ils n'ont même pas 30 ans. Alors forcément, quand vous avez passé 30 ans de votre carrière à construire des moteurs d'avion, je pense que vous commencez à bien maîtriser le sujet. À l'inverse, si vous changez de plan tous les 2 ans, vous développez de nombreuses compétences transverses, sans devenir spécialiste d'un sujet. Vous avez alors une confrontation de deux mondes. D'un côté des spécialistes qui sont devenus des experts dans leur domaine après des années de pratique, de l'autre des jeunes qui se lassent et explorent une thématique après l'autre, sur un laps de temps plus court.

L'école nous a conditionnés dans notre approche du travail, qu'on le veuille ou non. Nous n'avons aucune idée de quoi sera fait le futur, et pourtant le rôle de l'école et de l'éducation en général est de nous y préparer. Le système éducatif tel que nous le connaissons aujourd'hui est basé sur l'apprentissage de compétences théoriques. Nous démarrons par les bases et petit à petit nous élargissons notre champ de connaissances pour développer des compétences généralistes. Plus vous avancez ensuite dans vos études, plus on vous demande de vous spécialiser en vous concentrant sur une ou deux disciplines. L'approche est plutôt bonne et ce n'est pas là que cela coince. Le problème, c'est de faire des choix de spécialisation aussi tôt dans notre éducation.

À 18 ans, on ne connaît pas grand-chose au monde de l'entreprise. Et pourtant, on nous demande de faire des choix qui impacteront notre trajectoire pour les dix prochaines années. Aujourd'hui, le monde est d'une imprévisibilité extraordinaire[1]. Et je suis convaincu que les carrières linéaires sans accrocs deviendront demain des exceptions. Comment sommes-nous arrivés à devoir choisir aussi vite une pseudo-spécialisation ?

D'une société généraliste vers un monde de spécialistes

150 ans après la révolution industrielle, Henry Ford développe un nouveau modèle d'organisation et de développement économique : le fordisme (1908). Sans rentrer dans un cours d'économie, l'objectif de l'époque n'est pas difficile à comprendre : il faut augmenter la productivité des travailleurs et donc les revenus de l'entreprise (rien n'aurait donc changé jusqu'à aujourd'hui ?). Les ingénieurs, comme les ouvriers, se focalisaient sur quelques tâches bien précises pour réduire leur périmètre d'actions et ainsi devenir plus efficaces. Nous avons là une forme de spécialisation. Cette spécialisation nous a conduits vers une standardisation des services et des produits délivrés.

Mais certains événements marquants dans les années 1970, comme les chocs pétroliers de 1973 et 1979 ou la mondialisation, obligent certaines entreprises à repenser leur système de production. Le post-fordisme prend petit à petit le dessus, avec une approche intéressante :

1. Je vous conseille de découvrir la conférence de Ken Robinson où il déconstruit le système éducatif pour revenir aux fondamentaux de l'humain, dont la créativité fait partie. Son TEDx a été vu plus de 67 millions de fois (traduit en français) : https://www.ted.com/talks/sir_ken_robinson_do_schools_kill_creativity?

la spécialisation flexible. Nous ne sommes donc plus dans l'hyper-spécialisation avec un découpage de tâches très précises. Au contraire, les entreprises ont créé de nouvelles cellules pour répondre à des besoins spécifiques. Dans ces unités, de nombreuses compétences interagissent entre elles. Chacun développe alors son champ de compétences en apprenant aux côtés d'autres spécialistes sur des sujets connexes.

Aujourd'hui, j'ai l'impression que cette spécialisation flexible est toujours d'actualité, même si certains métiers nécessitent des expertises très poussées. Mais de nouvelles variables sont entrées en jeu. Nous sommes devenus capricieux au travail, et je pense notamment à ma génération. Nous questionnons sans cesse le travail en osant aborder sans complexe la quête de sens et la manière de s'organiser en entreprise. Je crois surtout que l'on ne s'est pas réveillé du jour au lendemain en se posant tout un tas de questions. Ça ne date pas d'aujourd'hui. Sauf qu'aujourd'hui, tout le monde peut créer un compte sur Twitter ou LinkedIn et raconter ce qu'il a à dire. Avant, on ne pouvait tout simplement pas s'exprimer de la même manière. Nous pouvons alors partager nos ressentis, nos questionnements, en prenant conscience que nous ne sommes pas seuls. On s'inspire, on découvre et on a une envie folle d'explorer différentes disciplines.

Pourquoi les généralistes ont-ils raison ?

Après tout, il existe de nombreux avantages à être généraliste dans son approche métier.

1. Les généralistes sont compétents dans plusieurs domaines.
2. Ils sont capables d'avoir une vue globale sur un problème.
3. Ils peuvent s'adresser à un marché plus grand que les spécialistes.

Les généralistes sont pluri-compétents

« Connaître les bases sur de nombreux sujets est bien plus intéressant pour tes clients qu'en connaître beaucoup sur un sujet bien précis. »

C'est d'autant plus le cas lorsque vous travaillez avec une grande variété de clients, dans différentes industries. Vous la sentez venir la question du positionnement, n'est-ce pas ? Encore un petit chapitre, on y arrive !

Certains métiers requièrent d'être généraliste. Je pense notamment aux assistants virtuels. Lorsque l'on fait appel à un assistant, c'est justement pour sa pluralité de compétences. Par ailleurs, nous sommes nous-mêmes des généralistes dans notre activité. Nous devons être à la fois de bons techniciens pour nos clients, mais aussi de bons commerciaux, de bons gestionnaires et même des marketeurs.

Les généralistes acquièrent une vue globale du projet

Ils ont l'avantage d'avoir un spectre plus large de connaissances. Ils peuvent ainsi mettre plus facilement en perspective certains éléments de leur environnement pour en déduire une solution à un problème X ou Y. C'est un bel avantage lorsque l'on travaille sur des projets client complexes qui ne dépendent pas seulement de notre capacité à résoudre un problème donné.

Howard Marks, un investisseur et écrivain américain, a publié en 2011 un livre intitulé *The Most Important Thing*[1]. Il y explique notamment le principe de la pensée de second ordre. Le premier niveau de pensée est simple et souvent superficiel. Cela se produit lorsque nous cherchons quelque chose qui ne résout que le problème immédiat sans tenir compte des conséquences. Par exemple, si vous avez faim, alors vous pouvez manger une tartine au Nutella. Vous ne vous préoccupez pas des conséquences sur votre santé, vous avez résolu votre problème immédiat (la faim).

La pensée de second niveau est plus réfléchie et délibérée. Vous pensez alors aux conséquences de vos actions et des interactions avec

---

1. *The Most Important Thing: Uncommon Sense for the Thoughtful Investor*, Columbia Business School Publishing, 2011.

le temps. Que se passera-t-il si à chaque fois que vous avez faim vous vous mettez à manger une tartine au Nutella ? En réfléchissant aux conséquences de votre première action, vous améliorez votre décision initiale. Dans notre exemple, vous pourriez manger quelque chose de plus sain qui résout votre problème immédiat (la faim), tout en évitant des conséquences néfastes sur votre santé à plus long terme.

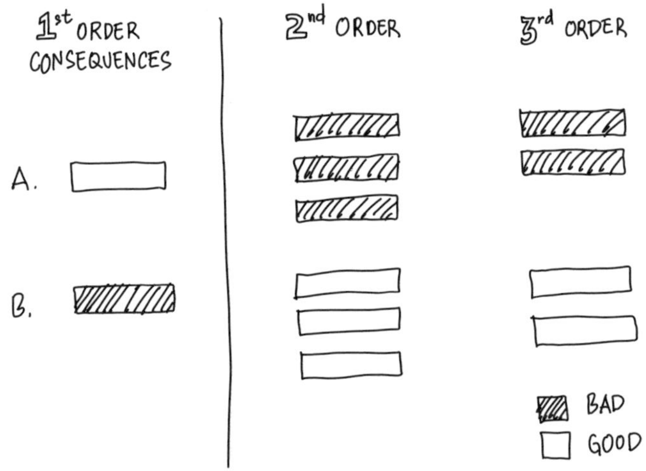

La pensée de second niveau

Votre client n'arrive pas à vendre ses produits (problème), vous lui proposez alors de faire de la publicité sur Instagram (solution immédiate), car vous êtes un spécialiste de la publicité sur Internet. C'est une pensée de premier niveau. Mais comme vous n'avez pas de compétences plus larges sur le positionnement produit, la recherche client, voire la structure d'une page produit efficace, vous n'avez pas pensé aux conséquences de vos actions à long terme. Malgré les bonnes performances de vos publicités, les ventes ne décollent pas…

En réalité, les personnes qui ont cliqué sur vos publicités sont arrivées sur un site qui ne fonctionnait pas sur mobile, le produit ne leur a pas donné confiance et c'était une vraie galère pour passer une commande. Avec une vision plus large du marketing, vous devriez détecter ces problématiques avant même de lancer vos campagnes de publicités. Vous auriez ainsi anticipé les conséquences négatives de vos actions. Et avant même de lancer une première campagne, votre client devrait retravailler certains points clés stratégiques. C'est une pensée de second niveau de voir plus large que son seul périmètre d'action qui reste, par définition, limité.

Les généralistes attaquent un marché global

Lorsque vous possédez plusieurs compétences utiles (voir chapitre 2), vous êtes capable de vous adapter à un monde qui évolue.

Delphine Pinon, la créatrice du podcast Budget Chéri, a été freelance dans le collectif Alqemist pendant quelque temps. Elle me confiait dans le podcast Tribu Indé qu'elle avait du mal à tenir en place dans un job[1]. C'est d'ailleurs l'une des raisons qui l'ont poussée à sortir de l'écosystème start-up où « l'on pousse la division du travail à l'extrême, à mesure que l'entreprise grossit ». J'observe beaucoup d'indépendants qui ne veulent surtout pas s'enfermer. Ils choisissent donc de s'adresser à une clientèle plus large. Et ce point de vue les rassure car ils pensent ne se fermer aucune opportunité.

En proposant un service tout en un, avec un périmètre large de compétences, il y a plus de chances qu'un client morde quand il tombera sur votre palette de services. Le problème, c'est que nous ne sommes pas un magasin IKEA, où l'on propose 50 variantes de luminaires pour 50 besoins différents. Nous n'avons pas la capacité de produire tous ces luminaires avec une qualité remarquable.

« Oui, mais les spécialistes sont parfois intimidants pour les clients. Ils jouent de leur expertise, utilisent un jargon complexe et impressionnent leurs clients. Les généralistes sont de meilleurs pédagogues, puisqu'ils peuvent facilement se mettre au même niveau que leurs clients. Ça vous dit quelque chose ? » Les spécialistes n'auraient donc rien compris…

1. Pour découvrir le parcours de Delphine Pinon, vous pouvez écouter l'épisode 24 du podcast Tribu Indé sur tribuinde.com

La carte à jouer des spécialistes

Un spécialiste connaîtra toujours mieux son sujet qu'un généraliste. Or, plus vous maîtrisez une thématique, plus vous serez capable de partager les bonnes informations à vos clients. La question de la pédagogie dépendra surtout de votre personnalité et de votre capacité à transmettre le bon message. Mais l'expertise d'un spécialiste lui permet d'aller beaucoup plus loin dans ses explications, aussi simples soient-elles.

1. Il choisit un sujet sur lequel il va se focaliser pour devenir meilleur.
2. Il partage ses connaissances avec des personnes débutantes.
3. Il identifie les points de décrochage et les points imprécis.
4. Il retravaille son discours pour le simplifier et le rendre plus impactant.

Lorsque vous avez un client en face de vous, il est beaucoup plus facile de simplifier vos explications lorsque vous maîtrisez entièrement le sujet. Au contraire, les généralistes peuvent se perdre dans des détails qu'ils auront vus ailleurs, sans comprendre les fondamentaux et les bases de ce qu'ils racontent à leurs clients.

Il est beaucoup plus difficile qu'on ne le pense de revenir aux principes premiers d'une discipline. Prenons deux exemples pour comprendre. Si vous êtes un coach sportif généraliste, vous allez proposer des exercices et des techniques pour garder la forme, quelle que soit la situation de vos clients. Votre différence se trouve dans les exercices physiques de votre programme. Mais vous pouvez envisager une toute autre approche. Si vos clients cibles sont les dirigeants d'entreprises, vous avez appris avec le temps à connaître parfaitement leurs besoins, leurs points de blocages, leur emploi du temps et les objectifs plus profonds que simplement perdre du poids par exemple. Dans ce cas-là, vous proposerez un accompagnement beaucoup plus poussé que le simple programme habituel. Vous allez revenir aux bases pour transformer leurs habitudes et avoir des résultats sur le long terme, au-delà de leurs séances sportives.

Si vous êtes un *community manager* aux compétences généralistes, vous pourrez donner des conseils sur les meilleures horaires pour publier un contenu, sur les tactiques à utiliser pour chaque réseau social. Mais vous ne vous différencierez pas tellement des autres *community managers* sur le marché. En revanche, si vous avez une connaissance fine d'un secteur, d'un type de clients ou d'un contenu précis, vous revenez aux bases de ce qui fait que votre client aura de l'engagement sur les réseaux sociaux. Vous lui faites part de conseils fondamentaux pour revenir aux racines de son problème.

Les spécialistes créent un avantage compétitif

Avec le mot-clé « Marketing digital » dans l'intitulé du poste, LinkedIn me propose près de 150 000 profils en France[1]. En revanche, avec la requête « SEO », je tombe à 3 600 profils. La recherche est volontairement large pour vous montrer les échelles de profils. Dans un cas comme celui-ci, il y a 40 fois plus de profils « généralistes » que de « spécialistes ».

Comment interpréter ces résultats ? Sur ce débat sans fin entre généralistes et spécialistes, personne n'a raison. Le débat ne porte pas sur ce sujet. Il est bien plus profond que ça et surtout, il touche d'abord nos clients. Comme n'importe quel business, tout dépend de nos clients. Donc, la question n'est plus de savoir si je préfère me spécialiser ou rester généraliste mais plutôt de se demander si mes clients cibles préfèrent travailler avec un spécialiste ou un généraliste.

Si votre client a besoin d'un illustrateur spécialisé dans la presse jeunesse avec un style bien défini, comment va-t-il procéder ? Il ira bien sûr vers des illustrateurs qui répondent directement à ses critères. Si maintenant votre client a besoin d'un illustrateur pour compléter

1. J'ai effectué cette recherche en août 2020. Les chiffres auront sûrement changé au moment où vous lirez ce livre mais la réflexion reste la même.

les quelques pages de son site Internet, les objectifs sont différents et il ne sera peut-être pas contre l'idée de recruter un illustrateur au parcours et aux expériences différentes.

Idée clé

Plus votre client a conscience de ce qui bloque (et pourquoi), plus il cherchera une réponse précise à son besoin.

C'est à ce moment-là qu'il se tournera vers des profils plus spécialisés. Si vous débutez et que vos compétences sont encore moyennes, vous devrez cibler des entreprises qui ne sont pas encore matures sur votre sujet d'expertise. À l'inverse, plus vous gagnez en expérience, en crédibilité et en légitimité, plus vous pourrez accompagner des entreprises plus matures qui auront besoin d'une expertise très précise (et forcément, ça coûte plus cher).

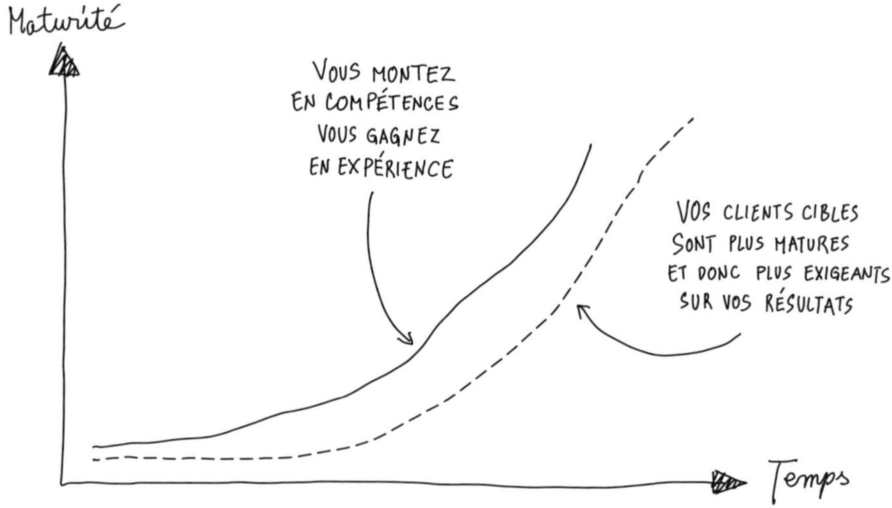

LA COURBE DE MATURITÉ CLIENT

Le niveau de maturité de vos clients doit suivre le même chemin que votre propre niveau de maturité (compétences, expériences, organisation…). Si vous débutez et que vous vous adressez à des entreprises très matures sur vos sujets d'intervention, leurs niveaux d'exigence seront extrêmement élevés. Vous avez alors des chances de les décevoir (puisque vous débutez). Ne cherchez donc pas à travailler avec des « gros » dès le début, mais concentrez-vous sur des entreprises encore moins matures que vous sur vos compétences et vos problématiques.

À ce propos, la maturité de votre client dépend de nombreux paramètres :

- Son organisation
- Ses processus en interne
- L'objet de votre premier contact
- Son expérience sur [*insérer votre domaine*]
- Le nombre de projets déjà menés sur votre domaine d'expertise
- La clarté et la compréhension de ses challenges et problématiques

La meilleure manière de comprendre votre client est de savoir pourquoi il fait appel à vous et ce qu'il attend de votre intervention.

La cuisine, entre gastronomie et restauration grand public

Prenez d'un côté un restaurant étoilé, de l'autre un restaurant avec buffet tout inclus. Le buffet a l'avantage du choix. Vous pouvez prendre tout ce que vous voulez, en quantité illimitée ! Royal, non ? En revanche, on sait tous que la qualité n'est pas toujours au rendez-vous. Mais le contrat est rempli. « J'avais faim et maintenant, je n'ai plus faim. »

Le restaurant à la carte est plus sélectif. Votre choix est limité, mais vous avez le sentiment de manger un plat plus abouti, le résultat de plusieurs itérations associées à l'expérience d'un chef. Certains vont adorer l'expérience d'un grand restaurant, lorsque d'autres ne vont pas y trouver d'intérêt car ils n'en n'ont pas besoin. Ce qu'ils veulent, c'est simplement de ne plus avoir faim après un repas.

Quand on parle de généraliste et de spécialiste, c'est exactement la même chose. Pour une même problématique, deux clients ne veulent pas la même réponse puisqu'ils n'ont pas les mêmes besoins (ni les mêmes envies).

	Avantages	Inconvénients
Généralistes	• Barrière à l'entrée faible • Grosse valeur ajoutée pour les jeunes entreprises ou des particuliers qui n'ont pas identifié de réponses précises à leurs problèmes • Évolution et changement de positionnement plus simple	• Pas d'expertise profonde • Plus de compétition • Difficile d'évoluer sur des tâches plus complexes
Spécialistes	• Barrière à l'entrée plus forte donc moins de compétition • Jauge de crédibilité plus simple à développer • Expertise reconnue donc demande entrante	• Devenir compétent prend du temps • Pas de vue globale du contexte de l'entreprise • Peut devenir obsolète dans le temps

GÉNÉRALISTES *VS* SPÉCIALISTES

Pourquoi les gens ont peur de se spécialiser ?

- « Pense à ta spécialisation ! »
- « Sur quel sujet veux-tu te spécialiser ? »
- « Quelle est ta spécialisation en freelance ? »

Tout le monde nous parle de la spécialisation, mais personne ne nous en explique les véritables enjeux. Les objectifs sont les mêmes pour tous les freelances : s'éclater au quotidien, vivre confortablement et avoir le luxe de choisir ses projets. Le sujet de la spécialisation est justement là pour vous simplifier le travail. Bien sûr, devenir un spécialiste n'arrive pas du jour au lendemain, et ce serait une erreur de vous conseiller de vous spécialiser dès votre lancement. Mais dès lors que vous signez vos premières missions, il sera indispensable de « penser en T » comme nous le verrons plus loin.

La spécialisation est un coup marketing

Se spécialiser, c'est prendre un parti pris pour se créer un avantage compétitif et se démarquer sur son marché. Et il est essentiel. Mais votre marketing ne dit pas tout de votre produit (en freelance, vous êtes votre propre produit).

Vous avez encore mis de la sauce tomate sur votre chemise blanche ou votre robe. Pour faire partir cette tâche, vous pourriez tout à fait utiliser une lessive standard comme une lessive « anti-sauce tomate ». La spécialisation est une porte d'entrée chez vos clients. Ils vous contactent avec un besoin spécifique auquel vous êtes capable de répondre. Mais petit à petit, vous démontrez que vous avez d'autres compétences intéressantes pour d'autres besoins éventuels. C'est ensuite à vous de construire votre relation client. On y revient dans les chapitres 13 et 14.

Se spécialiser c'est prendre le risque de choisir

Les décisions sont toujours difficiles à prendre. Alors on ne choisit pas et on apprend tout ce que l'on peut sur le « marketing digital », « le coaching » ou « l'aménagement intérieur », en long en large et en travers. Durant ses premières années en tant qu'indépendant, faire le choix de se spécialiser n'est évident pour personne. D'un côté, nous n'avons aucun recul sur ce que veulent nos clients, de l'autre, on ne va pas refuser des missions qui sortent de notre périmètre de spécialisation.

On ne quitte pas le salariat pour se coller une nouvelle étiquette, n'est-ce pas ? On pense, parfois à tort, que la spécialisation va nous enfermer dans un type de mission, avec un type de client. La liberté est un des enjeux majeurs pour un grand nombre d'indépendants. Pourtant, la liberté n'a rien à voir avec ça. L'argument de la liberté est un joli tour de passe-passe pour ne pas réfléchir en profondeur à cette question de la spécialisation. Et je vois deux biais comportementaux pour expliquer ça.

- L'aversion à la perte

Nous attachons plus d'importance à une perte qu'à un gain du même montant. Pour certains, perdre 100 € cause plus de douleurs que gagner 100 € ne procure de plaisir.

« J'ai peur de m'enfermer dans une case » ou « Je me suis lancé en freelance pour être libre et explorer plein de sujets » reviennent très souvent. Cette perte de « liberté » ou d'ennui à travailler sur les mêmes sujets est plus forte que le gain potentiel de vivre confortablement, de travailler pour des missions intéressantes et d'avoir la liberté d'organiser son temps comme on le souhaite car les demandes de clients nous permettent de choisir.

- L'aversion à l'incertitude

Si l'on prend comme exemple la Bourse ou les paris sportifs, certains préféreront un gain relativement sûr à un gain bien plus important mais incertain. Pour les compétences, nous pouvons reproduire le même schéma de pensée. La spécialisation nécessite de se plonger sur un, deux voire trois sujets en profondeur. On prend donc le risque de ne pas regarder ce qui se passe ailleurs pour se concentrer sur les compétences choisies. Mais on ne sait pas toujours si ce temps investi paiera rapidement ou non. Sur le papier, on prend un risque plus élevé que de rester avec nos compétences généralistes et de trouver nos premiers petits clients. Mais sur le long terme, si l'on souhaite évoluer et sortir de son cercle de confort, ne vaut-il pas mieux maîtriser quelques compétences profondes, devenir un expert et travailler sa base de compétences horizontales ?

Conjuguer spécialisation et connaissances généralistes

Les généralistes et les spécialistes ne jouent pas sur les mêmes terrains. Et c'est dommage lorsque l'on sait que certaines organisations auraient bien besoin de travailler avec des équipes pluri-compétentes. Et si l'évolution ultime pouvait être un mix parfait entre le généraliste et le spécialiste ?

Brian Balfour est un entrepreneur et investisseur bien connu de la Silicon Valley. Il a notamment fait ses armes chez Hubspot, l'une des plus grosses entreprises de logiciel marketing. En 2013, il s'est intéressé à la manière de devenir un expert dans l'acquisition de clients, avec un concept clé, largement repris par un grand nombre d'entreprises. Il s'agit d'un schéma qui a la forme d'un T *(T-Shaped)*. Son conseil est très simple : « Formez-vous comme un T pour devenir incontournable. » Pour expliquer sa théorie, il prend l'exemple de l'acquisition client pour une entreprise *(méthode permettant d'attirer des clients et de les faire acheter)*. Il y a des dizaines de manières de faire, et encore plus de canaux de communication à maîtriser. Le problème, c'est qu'on ne peut pas maîtriser tous ces domaines à la fois, d'où son idée du T pour se former :

- **Apprendre les bases** dans chaque domaine pour avoir une vision globale *(barre horizontale)*.
- **Creuser en profondeur** une thématique précise *(barre verticale)*.

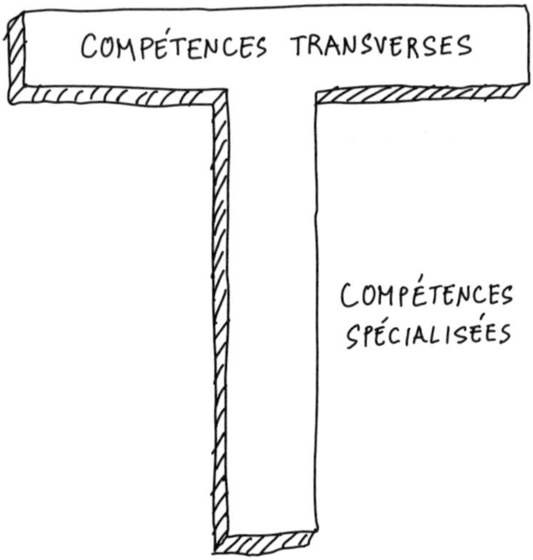

SE DÉVELOPPER COMME UN T

Nous avons la permission de ne pas tout savoir ni de tout maîtriser. Les compétences évoluent très vite et il est presque impossible de se tenir à la page sur un large panel de compétences sans devenir rapidement obsolète.

Sur le papier, Brian Balfour nous propose quelque chose de cohérent. Mais si l'on reprend ce schéma, il y a deux niveaux d'informations à prendre en compte : la variété des compétences et notre niveau de profondeur *(spécifique)*. Nous sommes limités par le temps et l'énergie que nous pouvons consacrer à développer ces compétences. Nous commençons tous avec 100 % de capacité mais regardons comment elles sont réparties selon les différents scénarios.

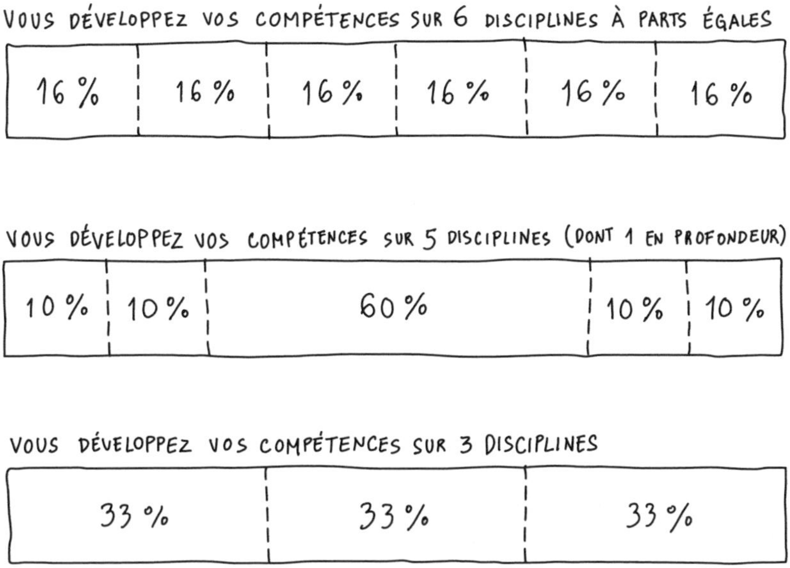

LES 3 SCÉNARIOS DE RÉPARTITION DES COMPÉTENCES

Le premier et le troisième scénarios ont la même structure. Vous travaillez vos connaissances à niveau égal. En revanche, choisir le troisième scénario pour développer vos compétences est bien plus stratégique. Vous faites le choix de vous concentrer sur quelques compétences spécifiques pour les approfondir au maximum. Vous êtes ainsi dans une logique du « moins mais plus ».

C'est la méthode des 3 T. On vient de rajouter une (voire) deux branches verticales à notre T initial. Vous développez des compétences profondes sur un champ limité de compétences, tout en gardant la flexibilité de passer d'un sujet à un autre. Votre barre horizontale, c'est-à-dire votre socle de compétences transverses, est tout aussi important que vos compétences verticales (ce qui vous rend expert). Vous pouvez alors vous démarquer par la profondeur de votre expertise, mais également grâce à votre base en horizontale.

Pour l'un de mes clients, nous avions besoin d'un traducteur pour adapter l'ensemble des contenus créés sur le site en anglais. Je connaissais déjà plusieurs traducteurs et traductrices. Nous étions sur des textes pensés pour l'internet, simples et directs. Les traducteurs que j'ai contactés m'avaient semblé avoir tous les mêmes compétences. Comment ai-je fait mon choix ? Il se trouvait qu'une des traductrices avait suivi plusieurs formations marketing et comprenait donc le jargon utilisé en français, mais aussi les problématiques de copywriting, de ton et de conversion des visiteurs du site en acheteurs. Elle comprenait exactement le travail que j'avais déjà réalisé. Dans cet exemple concret, ses compétences sont généralistes : elle traduit du contenu français vers de l'anglais. Mais la différence s'est faite grâce à sa base de connaissances horizontales qui lui a permis de se différencier des autres traducteurs. Sans hésiter, j'ai préféré gagner du temps et avoir quelqu'un directement opérationnel, même si le coût de son intervention restait plus cher.

Parmi les compétences horizontales à développer, vous avez :

- **Des compétences sectorielles** (comprendre les spécificités de certains marchés).
- **Des compétences intemporelles** (organisation, savoir-être, marketing).
- **Des compétences métiers** (en fonction de votre expertise).

Prenons un dernier exemple. Si vous êtes graphiste, vous pourriez développer :

- des *compétences sectorielles* : quels sont les codes du prêt-à-porter sur Internet ? Comment pourriez-vous les adapter à un marché radicalement différent pour apporter une différenciation chez vos clients ?
- des *compétences intemporelles* : combien de graphistes maîtrisent les bases du marketing et peuvent proposer des recommandations liées à leur travail ?

- des *compétences métiers* : si vous comprenez les codes de la publicité sur Facebook, vous êtes force de proposition pour savoir ce qui fonctionne le mieux.

L'équation pour développer ses compétences

Dans les années 1900, Vilfredo Pareto, un économiste italien, analyse les données fiscales de l'Angleterre, de la Russie, de l'Italie et de quelques autres pays. Même si les niveaux de richesses ne sont pas les mêmes d'un pays à l'autre, il remarque un phénomène commun. 20 % des personnes détiennent plus ou moins 80 % des richesses, quel que soit le pays. Le principe de Pareto s'applique à de nombreux domaines aujourd'hui. Ce qui m'intéresse ici, c'est d'identifier la meilleure stratégie pour répartir votre temps d'apprentissage entre votre base horizontale et votre expertise verticale. Passer 80 % de votre temps sur votre verticale et les 20 % restants sur des compétences transverses est-il raisonnable ? Regardons du côté des sportifs, à commencer par l'un des prodiges de son sport.

• La règle des 80 % s'applique-t-elle à n'importe qui ?

Tiger Woods grandit en Californie dans les années 1980. À seulement 11 mois, il copie déjà le swing de son père. Celui-ci a de l'ambition pour son fils et veut en faire le meilleur joueur de golf de l'histoire. Et on peut dire qu'il ne perd pas de temps. Tiger Woods vient de fêter ses deux ans et il a déjà un club de golf à la main. Très vite, il passe ses journées à jouer au golf, sous l'œil attentif et exigeant de son père. C'est un champion précoce, connu pour ses apparitions remarquées sur les plateaux télé alors qu'il n'a même pas 6 ans.

Il s'entraîne tous les jours, du matin au soir. À 8 ans, il réussit même à battre son père sur un parcours de golf. La suite de l'histoire est remarquable. Tiger Woods reste aujourd'hui l'un des plus grands golfeurs de tous les temps. C'est aussi l'un des sportifs les plus populaires du XXIe siècle. Il est régulièrement pris en exemple pour illustrer cette spécialisation extrême. Pour maîtriser ce sport, il a pratiqué des dizaines de milliers d'heures pendant plus de 20 ans, comme une unique obsession.

Ici, notre règle des 20/80 ne s'applique pas à Tiger Woods, grand sportif et maître de la spécialisation. Pourrait-on trouver un contre-exemple d'un grand champion dans une autre discipline ? Il se trouve que David Epstein aborde rapidement cette question dans son livre *Range*[1]. Il annonce même que beaucoup d'athlètes de haut niveau ont longtemps été des généralistes avant de se focaliser sur un sport en particulier. Il prend notamment l'exemple d'un grand tennisman, Roger Federer. Lorsqu'il est enfant, il a changé régulièrement de sport et a alterné entre squash, ski, natation, skateboard, basketball, handball, football, puis tennis. Dans chacun de ces sports, il a développé de nouveaux réflexes et aptitudes et élargi ainsi sa base de compétences, avant de se concentrer sur le tennis où il avait plus de capacités qu'ailleurs. Il a focalisé la quasi-totalité de son « temps sportif » à s'entraîner au tennis.

- Il a multiplié les itérations et les expériences sportives,
- il a développé des compétences transverses,
- il a appris à se connaître en trouvant la discipline qui lui correspondait.

> Prenons l'exemple d'un indépendant et créateur que j'ai reçu sur le podcast Tribu Indé : Stan Leloup était consultant, spécialisé sur la publicité Facebook. Il gérait des campagnes publicitaires pour des écoles qui proposaient toutes sortes de formations diplômantes. Aujourd'hui, il est derrière Marketing Mania, la plus grosse chaîne francophone sur YouTube qui parle de marketing avec plusieurs centaines de milliers d'abonnés. Il s'est aujourd'hui concentré sur la vente de formations, notamment en copywriting. Comment s'est faite son évolution ?

1. David Epstein, *Range. Why Generalists Triumph in a Specialized World*, Riverhead Books, 2019.

- Il a multiplié les itérations et les expériences,
- Il a développé une palette de compétences transverses,
- Il a appris à se connaître et à comprendre comment son marché cible fonctionnait.

Le même raisonnement s'applique à votre activité pour vos premiers mois, voire vos premières années. Vous n'avez pas besoin de maîtriser à 100 % une discipline pour en savoir plus que votre client. Cette barre symbolique des 80 % est intéressante puisqu'elle vous place déjà dans un cercle de maîtrise. Elle vous permet ainsi d'aller explorer d'autres sujets au fur et à mesure de votre développement. Vous n'avez plus l'excuse de penser que vous sacrifiez votre liberté en vous plongeant dans quelques disciplines. Et surtout, vous testez rapidement !

POINT D'ÉTAPE

Je crois que le débat entre spécialiste et généraliste ne se terminera pas de sitôt. Et finalement, personne n'a plus raison qu'un autre. Les deux positions sont à prendre en compte pour votre activité.

Vos premières expériences sont aussi là pour vous que vous vous fassiez la main et pour mieux vous connaître. Vous n'avez pas besoin de choisir une spécialisation à tout prix. Le plus important, c'est de tester des hypothèses de départ. Nous y reviendrons dans le prochain chapitre.

Qu'on le veuille ou non, la société récompense aujourd'hui les spécialistes. C'est le meilleur moyen de sortir du lot. Mais se spécialiser ne veut pas dire s'enfermer. Vous avez différentes formes de spécialisation à expérimenter :
- Compétences verticales (expertise métier)
- Compétences horizontales (transversales)
- Secteurs et/ou type de clients
- Problématiques adressées

L'état d'esprit généraliste n'est pas à négliger pour respecter la règle des 80/20 et développer vos compétences. Vous pouvez d'ores et déjà construire votre modèle de compétences en 3T pour vous rapprocher de vos objectifs et de votre vision. Et n'oubliez pas une chose : votre nouvelle aventure sera rythmée par vos choix. Ils ne seront jamais définitifs et évolueront en fonction de vos expériences (et de vos envies).

CHAPITRE 6

Les premières briques pour construire votre offre

Il est 07 h 51 dans une station de métro de Washington DC. Plus de 1 000 personnes vont entrer et sortir de la station dans les 43 prochaines minutes. Au même moment, un violoniste joue six longs morceaux de musique. La plupart des passagers sont des travailleurs actifs. Comme tous les matins, ils ont le choix entre plusieurs scénarios : vont-ils s'arrêter pour écouter un violoniste qu'ils ne connaissent pas ? Vont-ils lui donner un peu d'argent ? Ou alors, préfèreront-ils l'ignorer comme le font 90 % des passants ?

Mais ce jour-là, le musicien n'est pas n'importe quel musicien. C'est l'un des plus grands violonistes de notre époque. Quelques jours plus tôt, Joshua Bell jouait à guichets fermés où chaque ticket s'était vendu plus de 300 €. Dans cette bouche de métro, sans artifice, il n'y a que lui, son violon et un public qui n'a pas vraiment choisi d'être là. Mais son talent et ses capacités restent inchangés. S'il est capable de vendre des billets à plusieurs centaines de dollars, pourquoi ne serait-il pas capable de rassembler une foule dans cette station de métro ?

Joshua est confiant lorsqu'il arrive sur le lieu de représentation. Il prend son stradivarius en main, dont la valeur est tout de même estimée à plus de 3,5 millions de dollars. Rien ne se passe pendant 3 minutes. Plus de 70 personnes sont déjà passées devant lui, sans même lui offrir un regard. Un vieil homme détourne la tête vers le musicien avant de continuer son chemin. Quelques minutes plus tard, Joshua déclenche le compteur. Il vient de gagner son premier dollar. Après 45 minutes de performance, 7 personnes se sont arrêtées au moins une minute. 27 travailleurs lui ont donné un peu de monnaie, pour un total de 32 \$. Pas de foule en délire, ni même d'applaudissements entre chacun de ses morceaux[1]. Pourtant sa valeur n'a pas changé. Il n'a pas fait de fausses notes et a joué une partie de son répertoire habituel. Ce matin-là, dans le métro de Washington, personne n'a reconnu son talent…

C'est la première leçon de positionnement que je voulais vous partager. D'ailleurs, votre positionnement est complètement lié à votre marque personnelle puisque vous jouez sur la perception et la connaissance de vos clients pour démontrer votre valeur.

Qu'est-ce qu'un positionnement ?

En marketing, le positionnement correspond à la place que vous occupez dans l'esprit de vos clients. Un positionnement fort vous permet de vous démarquer de vos concurrents en jouant sur des critères objectifs (discours, offre, prix…) et subjectifs (perception client, recommandations, crédibilité…). Cette notion reste complémentaire à la spécialisation (focaliser votre activité sur un sujet spécifique).

Vous êtes parti à l'aventure, vos compétences dans votre sac à dos, l'énergie pour réussir, vos objectifs à long terme en tête et la bonne

1. https://www.washingtonpost.com/lifestyle/magazine/pearls-before-breakfast-can-one-of-the-nations-great-musicians-cut-through-the-fog-of-a-dc-rush-hour-lets-find-out.html

attitude pour avancer. Mais nous n'avons pas encore parlé en détail de votre environnement (et donc de votre marché).

En quittant leur job, les gens pensent qu'ils ont développé les bonnes compétences et qu'il suffit maintenant de signer ses premières missions. Dans un monde utopiste où vous êtes seul sur votre marché, ce raisonnement fonctionne. Mais la réalité du marché nous rattrape. Nous devons nous faire entendre et capter l'attention de notre client idéal, en nous positionnant au bon endroit. L'expérience sociale de Joshua Bell nous sert de rappel.

Pourquoi ne faut-il pas calquer les stratégies des entrepreneurs ?

Je fais partie de ceux qui pensent que les freelances ne sont pas des entrepreneurs. Et le raccourci est vite arrivé. Les freelances sont différents des entrepreneurs et pourtant, ils doivent penser leur activité comme un véritable business. Mais c'est là toute la différence entre indépendants et entrepreneurs. La nature de leur business n'a rien à voir. Beaucoup d'indépendants deviennent des entrepreneurs en recrutant une équipe et en automatisant une bonne partie de leur processus. Mais ici, vous comprenez bien que l'on sort du freelancing comme nous l'entendons. Il ne s'agit plus d'un business individuel. Les entrepreneurs et les freelances ne jouent donc pas sur le même terrain.

D'un côté, l'entrepreneur a une mission, celle de construire un système résilient qui peut tourner sans lui. Il recrute alors une équipe puis met à leur à disposition des ressources pour répondre à un besoin marché avec un produit (ou un service). Son objectif ultime est de standardiser son offre tout en gardant un excellent niveau de qualité. C'est la fameuse scalabilité tant recherchée par les start-up.

PROBLÈME – SOLUTION : VERSION ENTREPRENEUR

Votre activité en freelance n'est pas scalable par définition. Lorsque vous passez de 3 à 10 clients, vous investissez nécessairement du temps incompressible, sauf si vous recrutez (mais vous n'êtes plus dans la même catégorie). À la différence des entrepreneurs, la solution aux problèmes de vos clients n'est pas un produit que l'on peut acheter sur Internet. Vous êtes, en tant qu'individu, la solution à leur problème. Vous ne pouvez donc pas vous démultiplier à l'infini.

PROBLÈME – SOLUTION : VERSION FREELANCE

Votre positionnement et la manière de construire vos offres ne peuvent pas être calqués sur des modèles d'entreprises plus conventionnelles. Vous ne pouvez donc pas proposer autant d'offres qu'une agence digitale par exemple. Mais avant de rentrer dans les détails de votre offre, commençons par les bases de votre positionnement.

2 principes clés pour comprendre le positionnement

Il y a deux manières de construire vos offres (et donc votre positionnement).

1. Partir de vos compétences comme point de départ, en tentant d'intéresser vos clients cibles.
2. Partir du client pour connaître ses besoins et déterminer vos offres en fonction.

Joshua Bell, notre violoniste du métro de Washington DC, a choisi la première manière. Il est parti de ses compétences et ses talents en émettant l'hypothèse qu'ils prendraient le dessus sur le marché cible (l'audience du métro). Mais personne n'a de contrôle sur ce que veulent les clients. Celles et ceux qui vous font croire qu'ils ont décrypté les dernières tendances et qu'ils vous dévoileront tous leurs secrets sont de beaux arnaqueurs. Tout ce que l'on peut faire, c'est :

- comprendre ce dont vos clients ont besoin,
- anticiper les tendances et les opportunités de demain.

Si vous construisez vos offres seulement en regardant vos compétences, vous prenez le risque de ne pas intéresser vos clients. Mais à l'inverse, si vous vous focalisez uniquement sur vos clients, vous créez une offre pour laquelle vous n'avez peut-être pas les compétences. Le bon état d'esprit à garder, c'est celui du mix parfait entre ces deux approches.

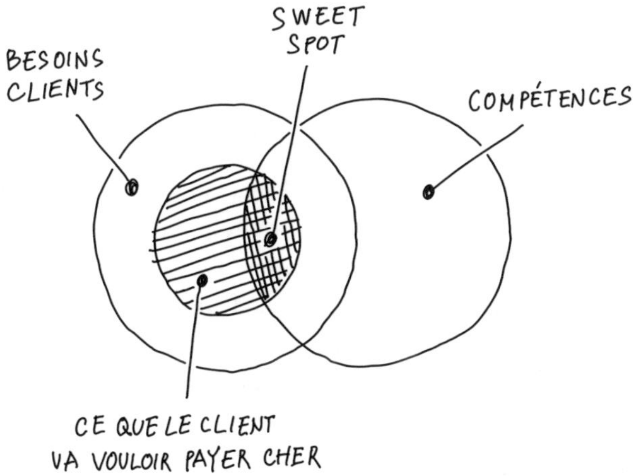

LE *SWEET SPOT* DU POSITIONNEMENT

Un positionnement repose donc sur deux grands principes :

- **le contexte externe** et l'environnement marché ;
- **votre vision personnelle** et ce que vous avez à défendre (compétences, convictions, expériences).

Ces deux approches sont pourtant simples, mais trop souvent oubliées par une majorité d'indépendants. Rentrons maintenant dans le concret. Et pour commencer, rien de tel que de travailler des premières hypothèses pour développer un positionnement différenciant.

Les 2 hypothèses pour appuyer son positionnement

Lorsque je signe mes toutes premières missions en 2017, je ne sais pas bien où je vais. J'ai alors une vague idée de mes clients cibles et je suis encore en train de développer mes compétences rares et utiles. Bref, je suis au démarrage et ça se voit ! À l'époque, je facture l'entreprise dans laquelle je réalise un stage de marketing. Forcément, je suis très au fait de leurs challenges et de la manière dont mes compétences de l'époque peuvent me permettre d'en résoudre un certain nombre. Mise à part cette mission, je navigue à vue. Et je dois dire que les plateformes sur lesquelles je m'inscris à l'époque ne m'aident pas à y voir plus clair. Alors forcément, je pars de mes compétences généralistes en espérant qu'un client tombe sur mon profil.

À ce stade, ce qui compte le plus, c'est de tester rapidement des offres auprès de différentes cibles sur des boucles itératives de quelques semaines pour déceler des opportunités. Des chemins à prendre, il y en aura des dizaines en face de vous. Tous ne vous mèneront pas au sommet. Mais avant de choisir le bon, vous allez sûrement devoir aller au bout du cul-de-sac, rebrousser chemin et tester de nouvelles directions. C'est normal, alors ne vous découragez pas si vous n'y arrivez pas du premier coup.

Le positionnement reste un travail de fond qui prend du temps et pour lequel, vous avez besoin de données sur votre marché, et donc d'expérience. D'ailleurs, rien n'est figé et vous devrez constamment vous questionner sur vos offres et votre positionnement. Le chemin sur lequel vous vous êtes engagé, parfois pendant plusieurs mois, pourra très bien suivre une déviation à un moment ou à un autre. La bonne nouvelle, c'est que vous ne partez jamais de zéro. Vous pouvez bâtir deux hypothèses pour commencer à construire votre offre.

- **Hypothèse n° 1 :** partir de ses expériences (et de ses intérêts) pour identifier des opportunités.
- **Hypothèse n° 2 :** partir de ses connaissances sur un marché donné, comme un avantage compétitif.

Hypothèse n° 1 : compétences + expériences = opportunité

C'est la stratégie la plus évidente pour démarrer puisque vous partez d'un socle existant. Il s'agit de vos expériences passées (stages, CDI, CDD, associations...), voire de vos premières missions en freelance. Vous pourrez alors identifier des modèles communs et des tâches sur lesquelles vous avez aimé travailler (et pourquoi). Je ne vais pas détailler tout de suite le travail à réaliser puisque c'est justement la première étape de votre recherche client (chapitre 7). Mais à ce stade de l'aventure, vous pouvez déjà répondre à ces premières questions :

- Quelles sont les expériences marquantes qui vous ont permis d'apprendre vite ?
- Quels sont les compétences verticales et les sujets qui vous intéressent ?
- Pourquoi êtes-vous intéressé par ces sujets ?
- Au-delà de l'opportunité éventuelle, êtes-vous prêt à vous plonger des centaines d'heures dessus pour continuer de développer vos compétences ?

Hypothèse n° 2 : connaître un marché mieux que les autres

Ici, vous partez de votre instinct et de vos connaissances d'un marché cible, en visualisant les futures opportunités à venir. Attention, cette approche est plus risquée, et il vous faudra rapidement valider vos hypothèses sur le terrain. Pour vous aider, je vous propose de répondre à cette question : quel problème n'est pas encore connu ou populaire, mais qui pourrait le devenir rapidement ?

Si votre vision s'avère être la bonne, vous prenez une longueur d'avance sur tous les autres consultants. Par exemple, la crise sanitaire récente a forcé la grande majorité des entreprises à remettre plusieurs sujets d'organisation du travail sur la table, comme le travail à distance.

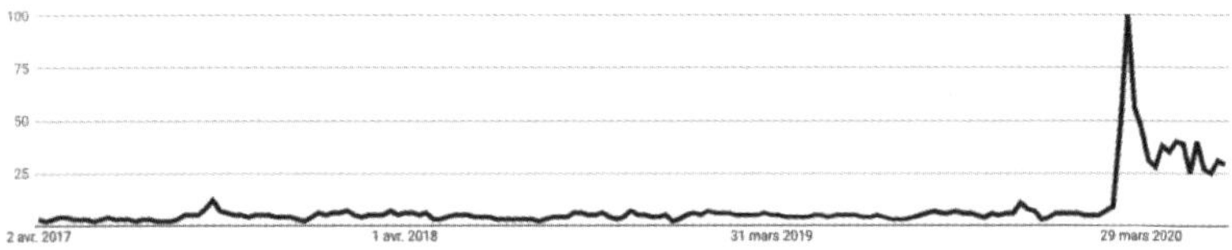

Extrait des requêtes Google en France pour « télétravail »

Cette situation était inédite pour beaucoup d'entrepreneurs et de chef d'entreprises. Et quand on regarde les tendances des recherches sur Google, on comprend que le sujet va devenir stratégique pour les prochains mois (voire les prochaines années). Je ne serai donc pas surpris de voir demain des indépendants s'attaquer à ce sujet sous plusieurs formes pour accompagner les dirigeants ou les ressources humaines des entreprises. Redéfinir les espaces de travail, mettre en place une politique de télétravail, sélectionner des meilleurs outils pour communiquer… En définissant les problèmes éventuels de votre cible, vous êtes capable d'imaginer une réponse en fonction de vos compétences (ou futures compétences). La même réflexion s'applique si vous vous adressez à des particuliers. Si l'on reprend notre exemple du télétravail, beaucoup de salariés, d'indépendants ou d'entrepreneurs passeront de plus en plus de temps chez eux. Ils auront besoin d'aménager un espace de travail, mettre en place des habitudes pour rester concentrés au milieu d'un grand nombre de distractions. Selon vos compétences, vous avez là des opportunités intéressantes à creuser.

Votre positionnement doit être spécifique

Le positionnement n'est pas quelque chose que vous faites pour vous faire plaisir. C'est avant tout un outil marketing que vous utilisez pour :

- diminuer vos coûts d'acquisition (moins de démarchage, moins de clients « touristes » qui ne sont pas dans votre cible, cycle de ventes plus courts) ;
- avoir le choix des clients que vous accompagnez chaque mois.
- augmenter vos tarifs puisque vous devenez une référence sur votre sujet.

Au quotidien, nous sommes bombardés de publicité en tout genre, qui ne sont pas toujours très bien ciblées. Les grandes marques ont généralement des budgets astronomiques lorsqu'elles lancent un nouveau produit. Procter & Gamble a dépensé des millions de dollars pour diffuser une publicité d'une minute pendant la finale du dernier Super Bowl[1]. Quand ils veulent toucher une nouvelle cible, il n'y a presque pas de limite de budget. Le problème, c'est que des entreprises comme celle-ci n'ont pas du tout les mêmes logiques que nous. Elles s'adressent généralement à un marché cible mondial, avec des produits de grande consommation dont le modèle de revenus est intéressant sur un grand volume d'achats.

1. Le Super Bowl est la finale du championnat organisé par la National Football League (NFL), ligue américaine de football américain.

Si nous avions les mêmes budgets marketing que ces entreprises, je ne suis même pas sûr qu'une publicité pendant le Super Bowl soit la meilleure idée. Au contraire, ce que nous voulons, c'est nous adresser à un marché précis pour répondre à des problématiques que l'on maîtrise. On se doit donc d'être spécifique sur :

- notre audience-cible,
- les services que l'on propose,
- notre approche méthodologique.

Comment transformer une approche généraliste

Au démarrage, vous naviguerez à vue. Vous avez posé un certain nombre d'hypothèses sur vos clients cibles, leurs problématiques et vos compétences. Votre positionnement sera nécessairement généraliste.

Vous proposerez peut-être des programmes d'accompagnement sportifs avec des chefs d'entreprises, des cadres et des étudiants. Vous travaillerez peut-être sur la création de contenus pour des start-up, des grands groupes ou bien des entrepreneurs individuels. Mais petit à petit, vous vous rendrez compte que chaque typologie de clients ne valorise pas toujours votre travail de la même manière. Ou alors qu'il y a un type de clients pour lequel vous adorez travailler et vous sentez que vous pourriez lui proposer autre chose.

Au fur et à mesure de vos rencontres et de vos premières missions, vous devrez affiner votre positionnement pour devenir de plus en plus spécifique. Plus vous serez spécifique, plus votre valeur sera élevée aux yeux de vos clients car vous serez capable de répondre à un problème précis, avec une méthodologie que vous avez plusieurs fois testée.

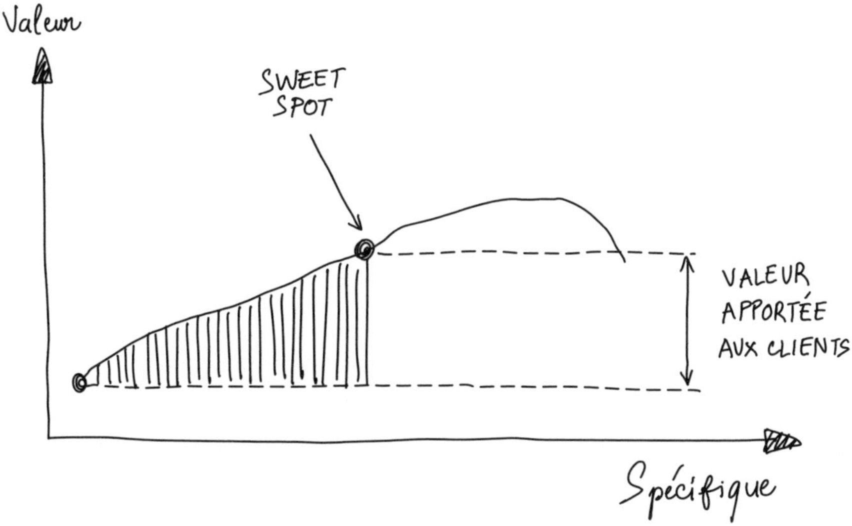

MATRICE VALEUR - SPÉCIALISATION

Pour faire évoluer votre positionnement et le rendre plus spécifique, vous pouvez :

1. vous focaliser sur un marché cible le plus restreint possible *(positionnement vertical – cible précise, mais problématique plus large) ;*
2. vous concentrer sur quelques problématiques stratégiques précises *(positionnement horizontal – cible large, mais problématique précise).*

La première option est la plus courante. Petit à petit vous resserrez votre marché cible pour vous concentrer exclusivement sur un type de client. Par exemple, je ne travaille qu'avec des entreprises proposant un produit SaaS[1] pour du B2B. Lorsque j'ai affiné mon marché,

1. SaaS : Software-as-a-service. Il s'agit de logiciels accessibles sur Internet, sans installation spécifique sur votre ordinateur. Gmail, Facebook ou Evernote sont tous les trois des SaaS.

mon offre restait encore très large. Mais brique après brique, mon positionnement s'affinait.

À terme, votre objectif est de passer de :

- Je construis des sites Internet de A à Z pour ceux qui veulent être sur Internet.
  Je construis des sites Internet de A à Z pour des cabinets d'avocats.
- Je crée du contenu pour les blogs des entreprises.
  Je crée du contenu pour toutes les entreprises à impact social et environnemental.
- Je propose des accompagnements sportifs pour tous.
  Je propose des accompagnements sportifs pour les dirigeants d'entreprise qui n'ont pas le temps d'aller à la salle de sport 5 heures par semaine.

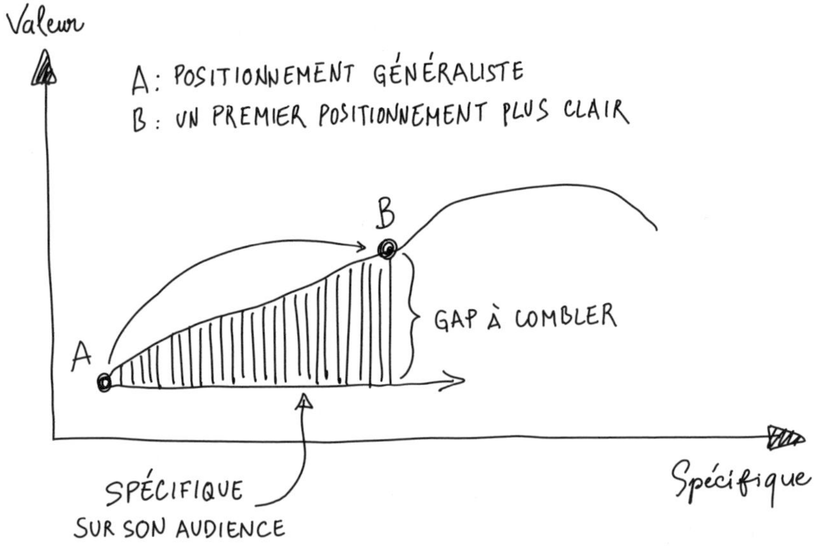

MATRICE AUGMENTÉE : VALEUR – SPÉCIFICITÉ

Ce premier positionnement a deux grands avantages :

1. Vous encouragez le bouche-à-oreille et les recommandations car votre positionnement est facile à communiquer (on sait comment résumer votre activité).
2. Vous commencez à faire votre place dans l'écosystème cible pour être vu comme le freelance pour [insérer la problématique de votre client].

S'inspirer d'un géant de l'Internet pour son positionnement

Vous n'avez pas besoin d'avoir des centaines de clients pour vivre confortablement. Vous aimeriez avoir plein de propositions qui arrivent dans votre boîte e-mail tous les jours. Mais en réalité, il vous suffit d'une dizaine de clients récurrents chaque année pour avoir des journées bien remplies. En concentrant vos efforts sur un marché cible dans un cadre bien défini, votre nom et votre travail circuleront progressivement, et votre réputation commencera à faire son petit bout de chemin.

IBM l'avait très bien compris dans les années 1970-1980. À l'époque, les entreprises étaient encore moins matures qu'aujourd'hui sur leurs infrastructures informatiques. Elles avaient donc besoin d'être plus robustes côté IT (Information Technology). Pour les plus grandes d'entre elles, les projets étaient souvent colossaux. Et quand on parle de gros projets, imaginez les risques éventuels derrières : périmètre large, conduite du changement, nombreuses parties prenantes, coûts gigantesques, mobilisation des équipes et j'en passe ! Autant vous dire que les décisionnaires avaient régulièrement quelques sueurs froides lorsque le projet ne se passait pas comme prévu. Et aux États-Unis, ils sont plutôt radicaux là-dessus. Si le projet échoue, vous êtes tenu pour responsable et prêt à prendre la sortie dès le lendemain matin. Votre job en tant que décisionnaire est donc de choisir les stratégies les moins risquées, avec le meilleur retour sur investissement possible. Un de vos clients fait appel à un freelance, une agence ou un cabinet.

Il regarde alors plusieurs paramètres, quelle que soit la nature de la mission :

1. votre expertise et les compétences maîtrisées,
2. votre capacité de travail (équipe) et vos disponibilités,
3. votre jauge de crédibilité sur votre marché,
4. votre réputation et vos références,
5. le *pricing* de votre prestation (*vs* valeur perçue).

À l'époque, IBM est incontournable lorsque l'on parle de projets IT dans les grandes entreprises. Et si l'on reprend nos cinq points, l'entreprise en coche une bonne partie :

- ils ont bien évidemment l'expertise du sujet,
- ils peuvent faire intervenir des équipes entières chez leurs clients,
- ils ont l'expérience de gros projets dans des industries différentes,
- ils sont réputés pour faire le job en toutes circonstances.

C'est là que l'histoire devient intéressante. « Nobody ever got fired for choosing IBM », « Personne ne pouvait être viré en choisissant IBM pour son projet d'infrastructure IT ». Cette phrase a pendant très longtemps circulé dans les grandes entreprises. Plutôt rassurant pour le client, non ? Les projets avancent sans que personne ne prenne le risque de se faire licencier. Imaginez-vous dans les années 1970 : l'IT est un sujet obscur pour un grand nombre de personnes. Votre client a donc deux options :

- **Option n° 1 :** je suis d'accord pour payer beaucoup plus cher afin d'avoir la tranquillité d'esprit, de me dire que tout va bien se passer avec IBM.
- **Option n° 2 :** j'aime le risque. Je décide d'aller voir ailleurs, pour moins cher en croisant les doigts pour que tout se passe bien.

Qu'auriez-vous fait ? IBM a l'expertise et l'expérience des projets réussis. En choisissant de travailler avec eux, vous aviez l'assurance de garder votre job. Mieux encore, vous pouviez ensuite vous la raconter à la machine à café en partageant les succès du projet. IBM avait un statut d'ultra-privilégié qui ne faisait qu'augmenter sa crédibilité puisque chaque projet réussi lui permettait d'en récupérer quatre nouveaux. Et pourtant, d'autres entreprises auraient été capables de faire le même job et pour moins cher. Je trouve cet exemple fascinant comme approche marketing. L'une des grandes leçons de cette stratégie concerne sa cible. L'entreprise a soigneusement sélectionné ses premières cibles commerciales, les grandes entreprises avec des projets IT ambitieux (plusieurs centaines de millions de francs minimum).

IBM a construit sa réputation au fil des années en se positionnant stratégiquement sur chacun de ses projets. Si vous voulez devenir une référence et gagner la confiance de vos clients, vous devrez les convaincre que vous êtes la seule option crédible. Se concentrer sur une seule et même problématique ou accompagner un type d'entreprises bien précis vous facilitera le travail. C'est également beaucoup plus simple d'aller chercher ses clients cibles car nous savons précisément qui ils sont et donc où ils se trouvent.

> Pierre Guilbaud quitte Google pour se lancer en freelance[1]. Pour lui, pas question de réfléchir six mois sur la raison et sur son ikigaï, il veut tester vite en se confrontant au marché. Il a plusieurs hypothèses en tête sur ses clients cibles. Il sent que les jeunes start-up (moins d'un an d'existence) n'ont pas toujours les bons réflexes marketing pour faire connaître leurs offres et commencer à vendre. Son expertise en growth (stratégie de croissance) et en marketing devrait les aider à aller plus vite, sans faire d'erreurs. Il veut donc tester cette hypothèse au plus vite…
>
> Il liste alors l'ensemble des incubateurs parisiens et nantais, avant de les contacter un par un. À ce moment-là, il n'a qu'un seul

1. Pour découvrir le parcours de Pierre Guilbaud, vous pouvez écouter l'épisode 43 du podcast Tribu Indé sur tribuinde.com

objectif : tester son offre, partager ce qu'il a appris et observer comment réagissent ses clients cibles. Il se met donc en tête de proposer des conférences et des ateliers à tous ces espaces de coworking, gratuitement. Moins de trois semaines après s'être lancé en freelance, il enchaîne les conférences dans plusieurs incubateurs. Dans la foulée, il signe ses premiers clients, venus assister à l'une des conférences. On en revient à cette stratégie du focus.

Depuis, il a changé de positionnement et de cibles. Mais pendant presque un an, il s'est focalisé sur cette cible, prenant de l'expérience, développant son réseau, augmentant sa crédibilité et apprenant à vendre en tant qu'indépendant. Ça ne vous rappelle pas nos 4 piliers ?

Tout comme n'importe quelle stratégie, il faut tester avant d'en faire une vérité générale pour votre cas. Lorsque vous vous lancez en freelance ou que vous souhaitez structurer de manière plus durable votre positionnement, il est primordial de tester, en s'ouvrant aux opportunités qui viennent à vous. Ces données et ces expériences vous permettront de mieux comprendre ce que vous aimez, ce qui fonctionne et là où vous êtes le meilleur.

Comment devenir une référence sur son marché

Cette stratégie est bien connue des grandes marques. Pour aller au bout de vos objectifs et accomplir votre vision, vous n'avez peut-être pas besoin d'être la référence sur votre sujet. Et pourtant, il y a des mécanismes très intéressants à comprendre pour servir votre business, à votre échelle. Nous pouvons nous inspirer du modèle des agences. Chacune, à leur manière, a validé son modèle et cherche à passer la prochaine étape : devenir une référence sur son marché. Et elles ont de nombreux points communs :

- Un positionnement sur une catégorie spécifique
- Un avantage compétitif par rapport aux autres acteurs du marché
- Une réponse crédible aux problématiques de leurs clients
- Une prise de risque dans leur positionnement

Trouver et définir son avantage compétitif

Commençons par la notion de catégorie. C'est une manière de trier, de ranger et de classifier l'information. Par exemple, concernant les moyens de transports, vous avez les voitures, les avions, les camions, les vélos, les trottinettes, les voiturettes de golf et j'en passe. Pour notre positionnement, c'est la même chose.

Catégorie niveau 1	Catégorie niveau 2	Catégorie niveau 3
Copywriting	Copywriting orienté conversion	Focus e-mail d'*onboarding*
Coaching	Coaching business	Coaching en *personal branding*

LES DIFFÉRENTS NIVEAUX DE SPÉCIALISATION

Et l'on pourrait être encore plus précis pour chacune de ces deux catégories. Plus vous augmentez le niveau de votre catégorie, plus vous gagnerez en clarté pour expliquer votre job et permettre à vos clients et à votre réseau de parler rapidement de vous.

Pour aller plus loin dans son positionnement, nous devons concentrer notre discours sur nos avantages par rapport aux autres freelances (et solutions alternatives). Mais alors, comment trouver ses avantages compétitifs ? Je vous partage un outil connu dans le monde du marketing : le Canva Stratégique, illustré ici par l'exemple de Netflix.

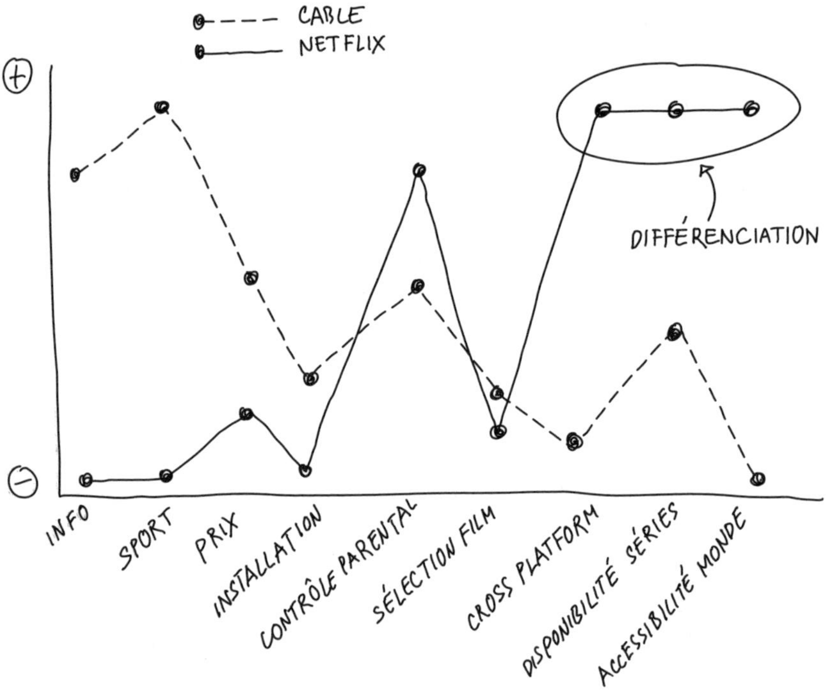

LE CANVA STRATÉGIE DE NETFLIX

En abscisses (axe horizontal), j'ai listé les caractéristiques communes de Netflix et de ses concurrents. En ordonnée (axe vertical), j'ai évalué le rapport qualité/prix de chaque caractéristique des deux solutions. J'ai moi-même utilisé cet outil pour positionner Tribu Indé à ses débuts. Et cela fonctionne de la même manière pour votre activité.

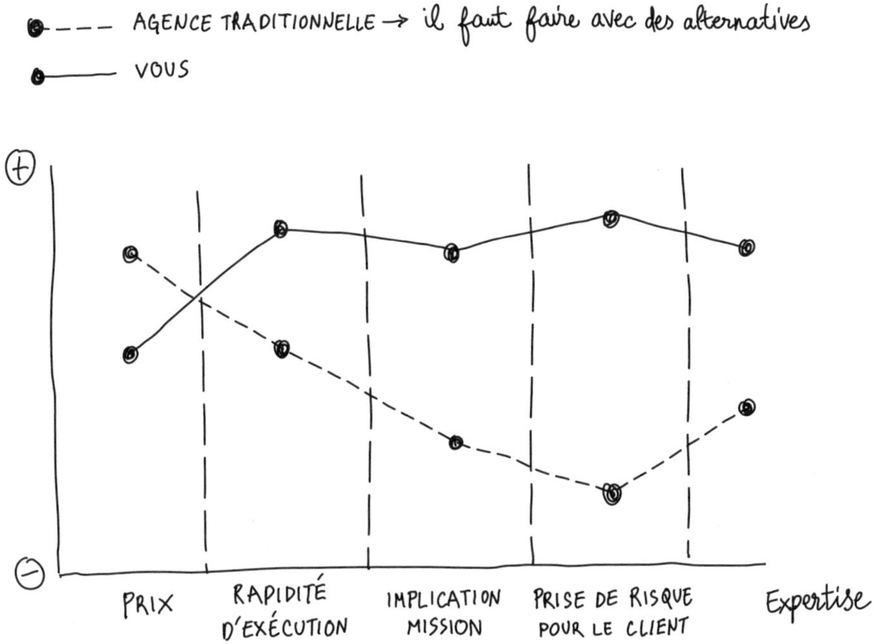

LE CANVA STRATÉGIQUE FREELANCE *VS* AGENCES TRADITIONNELLES

Lorsque vous construisez votre positionnement et que vous développez votre activité, il n'y a pas de règle de temps. Certains vont trouver l'angle parfait dès le départ. C'est le cas de Stan Leloup lorsqu'il se lance dans la publicité Facebook. Presque par hasard, il se met à multiplier les missions avec des écoles disposant de formations certifiantes en ligne.

D'autres mettront plusieurs mois pour avoir la première version de leur positionnement. Ce sera la majorité des indépendants. Mon positionnement continue d'évoluer avec le temps.

J'aime l'idée d'essayer de tendre vers cette position de leader, sans vouloir toujours en devenir un à terme. J'y vois trois grands bénéfices :

- **L'effet IBM :** ils ont développé une telle confiance chez leurs clients que l'on tend naturellement à vouloir travailler avec eux.
- **Multiplier les points d'attention :** de plus en plus de personnes vont entendre parler de vous, et surtout, parlerons de vous. Vous connaissez maintenant l›importance du bouche-à-oreille. Capter l'attention de vos prospects est sûrement l'un des actifs les plus stratégiques pour votre développement.
- **L'effet « Pourquoi pas lui ? » :** avec le temps, vous êtes systématiquement dans les options de vos futurs clients. Vous multipliez ainsi les opportunités de missions.

Évaluer sa tolérance au risque

La question du positionnement fait partie intégrante d'un indépendant. Et comme toutes les décisions importantes que vous prendrez sur votre activité, un positionnement marqué et spécifique comporte toujours une part de risque.

Quand on se lance, on cherche à minimiser le risque pour sécuriser et valider les premières étapes de son lancement. Avec le temps, on s'autorise à prendre de plus en plus de risques pour tester de nouvelles choses et continuer de se développer. Il y a plein de manières d'aborder le risque sur un positionnement. J'aime l'analyser sous deux angles :

- Notre tolérance au risque.
- Notre capacité à prendre un risque.

Les deux ne sont pas toujours corrélés. Par exemple, vous pouvez avoir une grande tolérance au risque, mais ne pas être en capacité de le faire (financièrement par exemple). Comment déterminer son profil de risque ? Cette question est très personnelle et dépend de chacun. Je vous conseille de regarder dans vos expériences passées, en déconstruisant certaines décisions clés.

- Quelle était la situation ? Dans quel environnement étiez-vous ?
- Quels sont les facteurs qui vous ont permis de prendre cette décision ?
- Pourquoi ces facteurs en particulier ?
- Si vous deviez juger votre prise de risque de 0 à 3…

En multipliant les points de données, vous vous constituez une petite base de connaissances pour vous aider à anticiper les choix futurs. Récemment, j'ai voulu ouvrir une assurance-vie. Pour évaluer mon profil de risque, la banque m'a envoyé un questionnaire. Une des questions était particulièrement intéressante pour juger de sa capacité à prendre un risque : « Si vous investissez 10 000 € sur 5 ans, quel rapport gain potentiel/perte potentielle seriez-vous prêt à supporter ? »

- Gain potentiel : 5 000 €/Perte potentielle : 2 000 €
- Gain potentiel : 2 000 €/Perte potentielle : 1 000 €
- Gain potentiel : 1 000 €/Perte potentielle : 400 €
- Gain potentiel : 500 €/Perte potentielle : 0 €

Plus vous resserrez votre offre, votre cible ou votre discours marketing, plus vous prenez le risque de refuser certaines missions à court terme pour appuyer davantage votre positionnement et concentrer vos efforts.

Ne pas reproduire cette erreur de positionnement

On aimerait tous découvrir la bonne idée. Des milliers de business démarrent avec une idée de génie… seulement sur le papier. Faites un tour dans les espaces de coworking ou les incubateurs de start-up et discutez avec une dizaine d'entrepreneurs. Vous serez surpris par le nombre de bonnes idées qui ne se vendent pas.

Pour les freelances, c'est la même chose. C'est tentant de partir d'une idée sur laquelle baser toute sa communication, son marketing et ses offres. Mais malheureusement, ça ne fonctionne pas. Ces indépendants échouent pour plusieurs raisons très simples :

- leur offre ne résout aucun problème chez leurs clients cibles ;
- leur offre ne résout pas le problème de leurs clients de la bonne manière ;
- leur offre ne s'adresse pas à la bonne cible.

Ne perdez jamais de vue que votre approche doit être tournée sur le problème de vos clients plutôt que sur votre service et votre offre.

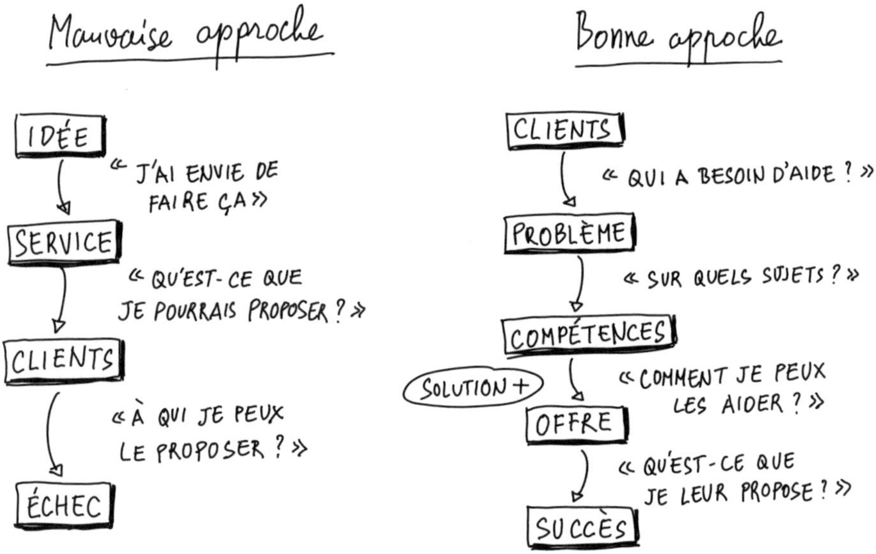

LA ROUTE DU SUCCÈS

POINT D'ÉTAPE

Votre positionnement évoluera avec le temps. Une fois vos hypothèses définies, seule l'expérience et le terrain pourront vous aider à gagner en spécificité. Et pour affiner votre offre et votre positionnement, nous avons vu deux manières de procéder :

- Restreindre votre marché cible, mais travailler sur un éventail plus large de problématiques ;
- Proposer une solution à des problématiques très précises pour des cibles différentes.

Il n'y a pas d'approche universelle et je connais de nombreux indépendants qui réussissent avec ces deux options. Gardez en tête l'état d'esprit des entrepreneurs pour être capable d'évoluer et de vous transformer en fonction des opportunités du marché, de vos références et de votre positionnement sur le marché (perception de vos clients).

À ce stade, vous commencez à avoir des premières réflexions pour répondre à ces 4 questions :

Qui aurait besoin d'aide ? Votre client cible n'est pas toujours celui que vous imaginez, il vous faut donc creuser plusieurs hypothèses clientes.

Pourquoi ont-ils besoin d'aide ? Vous allez identifier plusieurs problèmes récurrents chez les clients interrogés. À vous de comprendre quels sont les problèmes les plus douloureux à creuser.

Comment je peux les aider sur un besoin identifié ? Maintenant que vous avez fait le tri dans les problèmes de vos clients cibles, vous devrez réfléchir à la manière de les accompagner pour résoudre ces problèmes.

Qu'est-ce que je peux leur proposer ? C'est seulement à cette étape-là que vous commencez à réfléchir au service que vous pouvez offrir.

Vous ne pouvez pas convenir à tout le monde. Si vous décidez d'aller vers le nord, vous ne pouvez pas aller vers le sud au même moment. Le chapitre suivant vous permettra de répondre définitivement à ces questions en allant récupérer de l'information à la source, c'est-à-dire chez vos clients cibles.

CHAPITRE 7

Découvrir les besoins profonds de vos clients grâce au milkshake

Pourquoi un client travaillerait avec nous ? À première vue, cette question semble simple. « Nous sommes les meilleurs, les plus expérimentés. » À la limite, ce n'est pas ce qui compte le plus. Les entreprises décident de travailler avec nous parce qu'elles veulent résoudre un problème précis et elles pensent que nous sommes la solution à leur problème. Mais c'est là que tout se corse… Vous allez devoir comprendre quel est le problème profond, qui sont les clients qui ont le même problème, pourquoi ils viennent vous voir, et ce qui les incite à faire appel à vous.

La plupart des marketeurs sont familiers avec les personas et les avatars clients. Ce sont des personnes réelles ou fictives qui représentent vos clients idéaux. Travailler sur ces personas vous permet de donner une direction à votre communication. Vous avez une (ou plusieurs personnes) en tête lorsque vous vous exprimerez sur votre site, dans vos contenus et sur vos offres. Le concept de persona date du début des années 1990. Et depuis, peu de choses ont changé. Certaines entreprises ne jugent que par les personas. Elles organisent des sessions de travail avec leur équipe marketing. Et c'est parti pour une demi-journée de brainstorming intensif dans une salle de réunion, avec Post-it et paperboard à portée de main. À la fin de cette session collective, on en ressort avec un persona et ses caractéristiques :

- Daniel Laclasse, directeur marketing d'une PME.
- Il a 46 ans et vit en banlieue parisienne avec ses 3 enfants et sa femme.
- Il adore jouer au tennis et faire des randonnées en montagne pendant ses vacances.
- Très taquin, il aime plaisanter avec ses collègues à la machine à café.
- Mais il est très difficile en affaires…
- Il gagne environ 80 K€ brut annuels.
- Et son grand challenge est d'accompagner la transformation digitale de son entreprise.

Mais ces premières informations ne vous aident pas à trouver les bons arguments pour convaincre Daniel d'acheter votre service. Le travail traditionnel des personas est inefficace quand il est réalisé dans ces conditions, sans être allé au contact des clients (ou futurs clients). Ici, il n'y a aucune information sur le profil psychologique de Daniel, ses problématiques quotidiennes, ses points de blocages ou bien le processus de décisions en interne avant de lancer de nouveaux projets. On se retrouve avec des informations inexploitables d'un point de vue marketing pour construire une offre et la vendre.

Pour valider vos hypothèses et tendre vers un positionnement plus spécifique comme nous l'avons vu dans le chapitre précédent, il vous faut un plan d'action clair. Mais surtout, il vous faut de la matière en direct du terrain. Vous n'avez pas toutes les réponses, mais vos clients oui. Personne d'autre ne les connaît mieux qu'eux. Si vous ne faites pas l'effort d'échanger avec vos clients cibles, vous avez toutes les chances de faire fausse route. Vous avez besoin de connaître précisément les problématiques (parfois cachées) de vos clients et pourquoi ils auraient besoin de vous.

À quoi ressemble votre milkshake ?

Une chaîne de fast-food cherche à augmenter les ventes de ses milkshakes. L'entreprise commence alors par segmenter son marché en fonction du produit (les milkshakes) et de ses clients cibles (selon les personas de l'équipe marketing). Cette fois-ci, ils sont allés un peu plus loin en interrogeant cette cible marketing pour leur demander à quoi ressemblerait le milkshake idéal : fruité, sucré, gourmand, chocolaté... L'entreprise prend alors en compte toutes leurs remarques et propose un nouveau produit. Mais rien ne change et les ventes n'augmentent toujours pas.

Cette entreprise décide de changer de stratégie et souhaite travailler avec l'équipe de Clayton Christensen, un universitaire et économiste américain notamment connu pour son concept d'innovation disruptive. Cette fois-ci, la stratégie n'est plus la même. Ils commencent par passer une journée entière dans l'un des fast-foods de la chaîne pour comprendre qui achète leurs milkshakes, à quel moment de la journée et pourquoi. Ils font alors une première découverte : 40 % des clients achètent leur milkshake le matin, avant de prendre les transports pour se rendre sur leur lieu de travail.

Le lendemain, ils retournent dans le fast-food pour interroger ces acheteurs et leur demander pourquoi ils ont acheté un milkshake le matin. Quel « job » remplit le milkshake ? La plupart d'entre eux achètent un milkshake pour une seule raison : leur temps de trajet pour se rendre au travail est long et ennuyeux. Ils ont besoin d'avoir quelque chose dans les mains pour s'occuper et rendre le trajet plus intéressant. Ils n'ont pas particulièrement faim, mais ils savent que deux heures après, ce sera le cas. Ils veulent donc avoir quelque chose qui leur permettra de tenir jusqu'à midi. Et dernière contrainte, ils sont pressés et n'ont qu'une seule main de libre. Le milkshake est donc une meilleure alternative qu'un donut : le donut, c'est gras, ça colle aux mains, ce n'est pas pratique à manger. L'entreprise de fast-food vient maintenant de comprendre le « *job-to-be-done* » (c'est-à-dire la fonction que remplit le produit) du milkshake. Ils connaissent les raisons profondes qui décident ces travailleurs à acheter un milkshake le matin. Ils ont maintenant de nouvelles informations pour proposer un produit qui puisse doubler les ventes :

- un produit qui puisse durer pendant le temps de transport : une consistance plus épaisse par exemple ;
- un produit plus calorique qui puisse tenir au ventre plus longtemps : des morceaux de fruits, des toppings…

Pour trouver ces premières conclusions, ils ne sont pas restés dans une salle de réunion à brainstormer sur des Post-it. Ils sont allés observer les comportements de leurs clients sur le terrain. Et surtout, ils les ont questionnés.

Creuser les besoins de vos clients sur le terrain

Cette histoire illustre bien l'approche dont je voulais vous parler : le *job-to-be-done* (comprendre « la mission à accomplir » grâce à votre intervention).

Le *job-to-be-done*

Le concept de *job-to-be-done* a été développé par Clayton Christensen et Michael Raynor. L'idée est simple mais redoutablement efficace : les gens sont beaucoup plus intéressés par les services qu'un produit leur rend plutôt que par le produit en tant que tel. L'analogie fonctionne très bien avec une offre de service, quel que soit le métier.

Lorsque vous achetez une nouvelle paire de baskets, que vous vous abonnez à Netflix, ou que votre site préféré change de look, c'est toujours la même idée : vous « recrutez » ces produits ou ses services pour accomplir un certain « job ». Le travail traditionnel des personas se concentre sur le qui ou le quoi. Le *job-to-be-done* se focalise sur le *pourquoi*, le contexte et les motivations intrinsèques de votre client. Savoir que Daniel Laclasse fait des blagues à la machine à café n'apporte aucune information sur l'intérêt qu'il aurait à acheter votre service. Vous n'avez donc plus qu'un seul objectif : déterminer le *job-to-be-done* de votre client idéal. Mais pour ça, il vous faut comprendre quels sont les problèmes profonds que votre client cherche à résoudre selon le contexte. Prenons deux exemples pour comprendre.

Photoshop et Instagram proposent tous les deux de retoucher vos photos. Et pourtant, leurs utilisateurs veulent accomplir deux missions différentes.
Votre téléphone permet de prendre des photos à n'importe quel moment de la journée. Mais la plupart de ces photos ne sont pas d'une qualité suffisante pour y consacrer de longues retouches Photoshop. Vous avez cependant envie de les retoucher rapidement, sans vous perdre dans des fonctionnalités techniques. Au-delà du côté social, Instagram remplit ce job.
Photoshop et Instagram intègrent tous les deux un logiciel de retouche photos et pourtant, ils sont utilisés pour deux missions différentes.

- Photoshop est utilisé par des photographes professionnels qui veulent éditer leurs photos sans perdre en qualité.
- Les filtres Instagram sont utilisés par les amateurs qui ne veulent pas se prendre la tête avec des fonctionnalités et partager rapidement leurs photos.

Si Instagram et Photoshop ne se concentraient que sur les caractéristiques de leurs produits, ils ne connecteraient pas avec leurs cibles. Dans leur positionnement et leur marketing, ils sont orientés missions et bénéfices plutôt que produit. Et ces informations, ils ne peuvent les découvrir qu'en discutant avec des photographes ou des amateurs de photo pour comprendre leurs besoins profonds d'utiliser telle ou telle application.

Les avantages d'une large gamme de bénéfices

La même logique s'applique à une rédactrice Web ou à un décorateur d'intérieur :

« J'écris des articles pour votre blog » → « Votre entreprise veut se différencier de ses concurrents en créant une librairie de connaissances pour ses clients »

« Je vous propose de redécorer votre intérieur » → « Vous avez envie de changement et d'un nouveau cadre de vie, plus minimaliste et design »

Les bénéfices énoncés sont volontairement larges car ils dépendent de votre cible et de ce qu'elle a besoin d'entendre pour être convaincue. Mais vous comprenez la logique. Demandez-vous toujours pourquoi ils ont absolument besoin de vos services et pour quelle finalité ?

Gardez ces trois points en tête :

1. Une même offre de service peut avoir différents jobs (donc différents résultats) pour différents clients.
2. Le job de votre client cible peut également changer avec le temps.
3. Selon la taille des projets, vous allez devoir convaincre différents interlocuteurs, avec différents objectifs (et donc différents jobs).

Emma est une coach sportive pour particuliers. Certains de ses clients font appel à elle pour perdre du poids, d'autres pour garder la forme, et quelques-uns sont même en train de préparer un marathon. Son offre reste la même (des sessions de sport), mais les objectifs à accomplir n'ont rien à voir, les motivations intrinsèques de ses clients non plus. Elle ne peut donc pas avoir le même positionnement pour ces trois types de clients.

Pour déterminer le *job-to-be-done* de vos clients, je vous propose une méthode en 6 étapes. À la fin du chapitre, vous aurez un document de positionnement qui sera basé non plus sur vos intuitions, mais sur la réalité du marché.

6 étapes pour créer son document de positionnement

Étape n° 1 : faire calmement le bilan

Il y a deux manières d'approcher le freelancing : vous créez le service dont vous avez toujours rêvé, puis vous créez la demande chez vos clients, ou vous identifiez des problèmes mal adressés aujourd'hui, pour créer une solution pour ces clients. On peut très vite tomber dans le cliché de la liberté en construisant des offres qui nous ressemblent, que l'on a choisies et qui résonnent en nous. Mais ces réflexions doivent arriver dans un second temps. Vous avez beau créer la meilleure offre possible pour vous, si vos clients ne comprennent pas ce que vous pouvez leur apporter, vous n'accrocherez aucun client… Le point de départ de votre réflexion doit être la problématique de vos clients.

C'est le premier travail que j'ai fait lorsque je me suis lancé. J'ai sélectionné dix expériences et projets professionnels. Vous pouvez avoir plusieurs projets pour une même expérience bien sûr. L'objectif va être d'identifier les points communs et les opportunités qui se retrouvent dans vos différentes expériences. Prenons le cas de votre dernière expérience en CDI.

1. Quelles ont été les grandes missions de votre poste ?
2. Dans chacune de vos missions, quelles ont été les tâches à réaliser ?
3. Comment avez-vous découpé ce projet ?
4. Pourquoi avez-vous travaillé sur ces tâches ?
5. Quels étaient les objectifs ?
6. De quelles compétences avez-vous eu besoin pour réaliser ce projet ?
7. Étiez-vous seul ? Si non, quelles étaient les autres compétences nécessaires ?
8. Comment vous êtes-vous organisé ?
9. Quels sont les résultats ?
10. Quelle a été la transformation après ce projet au niveau du business ?
11. Qu'en ont pensé vos managers ?
12. Ce projet était-il risqué pour l'entreprise ? Si oui, pourquoi ?
13. Quel a été votre niveau de confiance sur le projet ?

Ce travail vous prendra déjà plusieurs heures pour être réalisé correctement. Mais vous devriez en ressortir avec une bibliothèque intéressante d'expériences documentées. Vous pouvez également faire ce travail avec vos premières missions en freelance. Sur cette base, vous allez déjà pouvoir identifier des traits communs, des problématiques communes et les points sur lesquels vous êtes le meilleur.

Étape n° 2 : définir son client idéal

Avant d'échanger avec vos clients cibles, il faut bien partir de quelque part. Cette étape est étroitement liée aux hypothèses dont je vous ai parlées au chapitre précédent. Grâce à vos expériences passées ou à votre connaissance d'un marché donné, vous allez pouvoir valider ou non certaines idées. Vous avez plusieurs manières de trouver les bonnes cibles :

1. Partir de ses expériences passées pour faire levier sur la même typologie de clients (c'est ce que j'ai choisi de faire).
2. Scanner son réseau sur LinkedIn ou ailleurs et identifier des cibles intéressantes pour poursuivre vos recherches.
3. Faire de la veille sur les groupes Facebook, les Slacks « métiers », les événements, pour identifier les challenges récurrents et la typologie des personnes (et des entreprises) qui interviennent régulièrement.
4. Sourcer les offres de job sur vos compétences pour identifier les secteurs récurrents et les entreprises types.

Vous pouvez ensuite compléter vos hypothèses avec différentes informations pour cartographier vos premières cibles potentielles.

- La stack technique[1] de l'entreprise (si vous êtes un développeur)
- Le type de business (SaaS, e-commerce, service…)
- La taille des entreprises et leur niveau de maturité
- Le secteur d'activité et les spécificités éventuelles de leur marché
- Les personnes à cibler pour accéder à une société/à un client
- Tout ce vous jugerez intéressant pour la suite

Quel que soit votre métier, votre secteur ou votre marché, vos clients idéaux partagent toujours les mêmes points communs :

- ils ne cherchent pas toujours le tarif le moins cher pour répondre à leurs besoins,
- ils savent que vous êtes l'expert et comprennent la valeur de votre travail,
- ils ne remettent pas en cause vos prises de position et les choix que vous proposez,
- ils vous recommanderont à leurs pairs et vous aideront à multiplier le bouche-à-oreille.

1. Une statck technique est une liste de tous les outils technologiques utilisés pour développer et faire fonctionner un programme. Source : https://mixpanel.com/fr/topics/what-is-a-technology-stack/

Étape n° 3 : comprendre votre client

À ce stade, il va falloir rencontrer ses clients cibles. Nous ne sommes pas encore à l'étape de la vente. Vous êtes ici pour mieux comprendre leurs aspirations, leurs challenges et leurs choix actuels. « Poser des questions à des gens que je ne connais pas toujours, ça ne marchera jamais ! Et puis je ne sais pas faire ! »

Vous vous imaginez, votre questionnaire à la main, en train d'interpeller n'importe qui dans la rue, tout en vous prenant des refus car les gens n'ont jamais le temps pour ces sollicitations. Heureusement, vous n'avez pas besoin de descendre en bas de chez vous pour faire cette exercice de recherche client. En revanche, vous ne pouvez pas passer à côté d'échanges avec vos clients cibles.

> Lorsque je me suis lancé, j'ai moi-même échangé avec ma cible pour comprendre ses besoins et ses challenges marketing. Pour ça, j'ai regardé sur les sites d'emplois les entreprises qui étaient en train de structurer leur équipe marketing sur la partie création de contenus. Avec quelques filtres, j'étais déjà capable de sortir une trentaine d'entreprises dans ma cible (secteurs, nombre d'employés, recrutements…). Ma cible étant également des start-up B2B, je me suis inscrit sur de nombreuses communautés en ligne pour observer les échanges entre pairs et analyser les questions qui revenaient le plus souvent. Ensuite, je n'avais plus qu'à les contacter un par un pour échanger avec eux et donner plus de matière à mon client idéal.

Et la méthodologie n'est pas bien compliquée :

- Poser les bonnes questions pour mieux comprendre votre client ;
- Écouter votre client et creuser chacune de ses réponses.

Gardez à l'esprit que vos entretiens seront différents des miens ou que ceux d'autres freelances. Comme n'importe quel conseil, checklist, recettes et stratégies, le plus important est d'en comprendre les principes. Ces derniers ne changeront pas dans un an. Ici, vous ne voulez pas savoir où votre client passe ses vacances, combien il a de chiens et de tortues chez lui, ni même connaître ses centres d'intérêts ou son niveau de revenus. Toutes ces informations, aussi intéressantes soient-elles, ne vous aideront pas à construire votre offre et votre positionnement.

Comme une bonne recette de cuisine, il nous faut les ingrédients de bases. C'est-à-dire, le contexte de l'entreprise. Ensuite, vous allez creuser les missions de votre client, ses objectifs et les challenges auxquels il fait face. Mais ce n'est pas encore suffisant. Il nous faut maintenant comprendre quel est son processus de réflexion pour surmonter ses challenges, atteindre ses objectifs et satisfaire les besoins de son boss. Et puis on terminera par le questionner sur ses habitudes pour progresser, rencontrer de nouvelles personnes et choisir ses nouveaux partenaires.

Donc si l'on résume, on a :

1. **Contexte de l'entreprise et de votre client :** quel est leur business model ? Où en est le développement de l'entreprise ? Quels sont les principaux KPIs (indicateurs clés de performance) de l'entreprise ?
2. **Les objectifs et challenges de votre client :** comment ont évolué ses objectifs ? Comment sont-ils déterminés ? Où en est-il ? Quels sont les points de blocages ?
3. **Surmonter les obstacles :** comment fait-il lorsqu'il se sent bloqué sur un projet ? Dans le passé, comment a-t-il fait pour surpasser ses challenges ? Se sent-il frustré en ce moment sur certains projets ?
4. **Recherche de solution :** quel est son processus d'achat lorsqu'il cherche une solution ou un partenaire pour l'accompagner ? Quels sont ses critères de sélection ? Qui est impliqué dans ces étapes ?

5. **Veille et contenus :** comment reste-t-il en veille continue sur son métier ? Comment cherche-t-il l'information ? À quel moment ?

Ces questions ne sont qu'une base de réflexion pour construire, à votre tour, vos propres guides d'entretiens. Tentez d'appliquer la règle du pourquoi au maximum. À chaque réponse, demandez-lui « pourquoi » au moins une fois. Pourquoi ? Pour accéder au second niveau de pensée de votre client et obtenir les réponses les plus intéressantes. Peu de freelances iront creuser aussi profondément dans la psychologie de votre client. Vous vous immiscez petit à petit dans son quotidien, pour en capturer ses réflexions et son vocabulaire.

Étape n° 4 : identifier les opportunités

Je vous conseille de réaliser au minimum une dizaine d'interviews par segment identifié lors de vos hypothèses. D'expérience, je préfère enregistrer toutes ces conversations pour plusieurs raisons. D'abord, ça me permet de garder une trace de mon travail de positionnement. Je peux également me concentrer sur mon échange puisque je n'ai plus besoin de prendre des notes sur l'instant. Et puis, je reprends tranquillement mon enregistrement pour identifier les points intéressants à développer pour mon positionnement.

C'est également une bonne base pour vous améliorer. En écoutant vos premières conversations, je suis sûr que vous vous direz « raaah c'était intéressant ce qu'il dit, j'aurais dû aller encore un peu plus loin ». Vous avez une bonne excuse pour devenir meilleur et enchaîner avec une nouvelle discussion. Il s'agit maintenant de comprendre, trier et analyser toutes ces informations pour les catégoriser et identifier les points intéressants sur lesquels construire votre offre. Grâce à toute cette matière, vous allez mettre le doigt sur des opportunités que personne d'autre n'aura soulevées de cette manière. Par exemple, un responsable marketing qui veut avoir une équipe plus performante pourra l'exprimer de différentes manières. Il peut être très terre à terre (« je veux doubler les leads entrants sur les 4 prochains mois »), centré sur sa personne (« je veux montrer que je suis capable de créer la meilleure équipe marketing du secteur ») ou faire face à un blocage particulier (« je bloque car nous n'avons pas de tunnel d'acquisition très clair aujourd'hui »). Selon sa réponse, votre positionnement, votre discours et la solution ne seront pas les mêmes. Vous passez alors d'une approche générique à une approche… spécifique.

Certains prospects auront plus de mal à exprimer leurs besoins. C'est tout le travail de préparation puis d'entretien. Vous ne devez avoir aucun doute en raccrochant avec votre client cible. Lorsqu'une de ses réponses ne vous semble pas claire, n'hésitez pas y revenir sous une forme différente, plus tard dans votre conversation. Les questionnaires utilisent le même principe. Vous avez parfois le sentiment d'avoir les mêmes réponses à des questions différentes. Ces questions sont là pour creuser et valider vos réponses profondes, pour en faire une analyse la plus juste possible.

Étape n° 5 : évaluer les solutions alternatives

Normalement, vous avez déjà dû poser quelques questions à vos clients cibles pour savoir comment ils travaillent aujourd'hui, avec quoi, mais aussi avec qui. Et surtout, pourquoi. L'objectif de cette phase est stratégique. Vous avez récolté de la bouche de vos clients les arguments qui leur ont permis de décider de travailler avec telle agence, tel cabinet de conseil ou tel freelance. Sur des dizaines d'entretiens, certaines réponses seront similaires, je vous le garantis. En creusant, vous récupérez des informations précieuses sur la raison de leurs décisions. Petit à petit, vous dressez une carte détaillée de vos concurrents et des solutions alternatives.

Idée clé

Pour enrichir votre travail, les communautés en ligne sont des mines d'informations. Groupes Facebook, WhatsApp, Slack, Discord, Quora... Vous avez des centaines de questions (et de réponses) sur les sujets que vous avez ciblés. Vous pourrez alors facilement identifier :
- les freelances, agences ou cabinet fréquemment cités,
- les outils et les conseils des autres personnes de ces communautés,
- les moteurs de conversation que vous pourrez contacter.

Les solutions alternatives ne sont pas toujours d'autres freelances. Il peut aussi s'agir d'un salarié, d'un stagiaire et même d'un outil, aussi vieux qu'Excel. Les solutions choisies peuvent aussi vous permettre de classer vos entretiens (et donc les entreprises) par catégories.

> Je rencontre souvent ce genre de situations chez mes potentiels clients. L'entreprise X a récemment vu ses concurrents publier du contenu gratuit de qualité pour répondre aux questions de leurs futurs acheteurs. Pour l'entreprise, pas question de perdre une seule seconde ! Elle a identifié plusieurs solutions pour créer ce contenu :
> 1. faire évoluer la fiche de poste d'une personne de l'équipe,
> 2. recruter un stagiaire pour prendre en main le sujet,
> 3. faire appel à une agence spécialisée sur la création de contenu,
> 4. faire appel à des freelances (plateformes, réseaux, recherche interne...).
>
> Elle veut « faire comme [nos] concurrents, mais nous ne voulons pas débloquer trop de ressources en vue des autres priorités du moment ». L'entreprise décide donc de recruter un stagiaire pour quelques centaines d'euros par mois. La question intéressante à se

poser est la suivante : est-elle la seule à penser de cette manière ? Existe-t-il des points communs entre ces entreprises ? Pourquoi ne veut-elle pas investir plus d'argent sur ce sujet ? Comprend-elle vraiment l'impact sur son business ?

Le double avantage des solutions alternatives

- Selon les solutions que vous aurez choisies, vous pouvez segmenter vos clients cibles et identifier si ce seront des bons clients pour vous.
- Analysez ces alternatives pour comprendre leurs offres, leur positionnement, leur discours et leurs stratégies marketing pour capter leurs clients.

L'exemple de Superhuman est extrêmement intéressant. Cette entreprise propose un client mail, c'est-à-dire une interface pour gérer ses e-mails. Le marché est complètement saturé avec notamment de très gros acteurs comme Google (avec Gmail) et Microsoft (avec Outlook). Son fondateur Rahul Vohra explique dans l'une de ses interviews[1] comment il a réussi à se différencier de ses concurrents.

L'une des premières étapes pour lui et son équipe a été de comprendre les forces et les faiblesses de chaque concurrent (qui sont en réalité des alternatives à son produit). Un grand nombre de solutions sont gratuites. Certains pourraient y voir une force, Vohra y voit une faiblesse. Les utilisateurs ne sont pas attachés au produit, les clients n'ont pas leur mot à dire sur le développement du produit et la relation client-entreprise est quasiment nulle. Superhuman prend alors le contre-pied avec un positionnement premium et une cible précise : des personnes qui passent plusieurs heures chaque jour à traiter leurs e-mails, qui veulent gagner du

1. https://productcraft.com/podcast/product-love-podcast-rahul-vohra-ceo-of-superhuman/

temps et construire une interface en fonction de leurs habitudes et de leurs processus.

Vous devrez dépenser 30 $ par mois pour… accéder à vos e-mails ! Et pourtant la communauté de clients de Superhuman est extrêmement attachée au produit et à la marque. Les utilisateurs prennent le temps de partager leurs retours pour améliorer le produit et sont fiers de le montrer sur leurs réseaux sociaux (bouche-à-oreille).

Étape n° 6 : rédiger votre document de positionnement

C'est une synthèse de toutes les étapes précédentes. Mais qu'est-ce qu'un bon positionnement après tout ? Personne n'est là pour vous dire si votre positionnement est suffisamment clair et précis. Ces cinq points devront figurer sur votre document pour être sûr d'aller dans la bonne direction.

1. Quels sont les problèmes précis (j'insiste sur le côté précis) de vos clients ?
2. Quelles sont les alternatives identifiées et/ou les solutions déjà testées par vos clients ?
3. Quels sont vos points de différenciation ? Qu'est-ce qui vous rend unique ? (J'y viens.)
4. À quoi ressemblent vos clients idéaux ? Qui sont-ils précisément ?
5. Quel est le marché dans lequel votre approche et votre solution sont des atouts incontestables ? (Souvenez-vous de Joshua Bell, le violoniste.)

April Dunford, consultante en positionnement spécialisé pour les entreprises B2B, propose trois niveaux de réflexions pour affiner son positionnement. Elle applique généralement sa méthode pour des produits technologiques, mais je l'ai adaptée à un business d'indépendant comme le nôtre :

- **Caractéristique produit/service :** ce que vous faites.
- **Bénéfice :** le résultat de vos services pour votre client.
- **Valeur :** quel est l'objectif que votre client essaie d'atteindre.

Produit/ service	Caractéristique	Bénéfice	Valeur
Un Smartphone	Un appareil photo de 20 mégapixels	La qualité des images est incroyable.	On peut zoomer ou imprimer nos photos sans perdre en qualité.
Logiciel d'automatisation de fiches de paie	Abonnement mensuel en fonction du nombre de salariés	L'entreprise peut utiliser le service dès sa création sans investir des sommes astronomiques.	L'entreprise gagne un temps précieux sans dépenser tout son budget dans un outil RH.
Illustratrice freelance pour le B2B	Des illustrations réalisées en 72 heures	L'entreprise se crée rapidement une bibliothèque d'illustrations pour sa marque.	L'entreprise se démarque de ses concurrents avec des illustrations uniques.
Formateur en management d'équipe	Des ateliers de cohésion d'équipe sur 1 journée	Les collaborateurs apprennent à se connaître pour mieux travailler ensemble.	L'équipe communique mieux et les projets sont livrés dans les délais.

MATRICE DE POSITIONNEMENT À 3 NIVEAUX

Qu'est-ce qu'un mauvais positionnement ?

Exemple n° 1 : un problème précis, mais une cible large

« J'aide les entreprises à améliorer les conversions de leur site. »

Dans ce premier exemple, le *job-to-be-done* est plutôt clair. Les entrepreneurs ciblés veulent augmenter leur nombre de clients *via* leur site et pour y parvenir il existe plusieurs stratégies comme augmenter le trafic du site ou améliorer le taux de conversion des visiteurs actuels. En revanche, à qui s'adresse cet indépendant ? Quelle est sa cible ?

- Des start-up fintech (secteur financier au sens large) ?
- Des PME qui vendent des alarmes de maison ?
- Des agences digitales ?
- Des indépendants comme vous et moi ?
- Des marques vendant exclusivement en ligne ?
- Des entreprises qui font moins de 1 million d'euros de chiffre d'affaires ?

Ici, ce n'est pas suffisamment précis pour que l'on puisse tout de suite se projeter en se disant « Tiens, tu devrais contacter ce gars-là, il pourrait t'aider ! ».

• Exemple n° 2 : une cible précise, mais un problème large

« J'aide les sites de e-commerce de produits de bien-être à augmenter leur chiffre d'affaires. »

Ici, la cible est déjà plus intéressante puisqu'on a une meilleure idée du type de clients que vous accompagnez. En revanche, le problème est inexistant. Si je demande à quelqu'un de décrire votre activité, que va-t-il me dire ?

« Il aide les sites de e-commerce à faire plus d'argent.

– D'accord, et comment ? Avec quoi ?

– Heu… en les aidant à faire plus d'argent ? »

Il y a en effet beaucoup de modèles pour augmenter le chiffre d'affaires :

- Amélioration technique du site (développement web)
- Revoir l'identité et la vision de la marque (stratégie de marque)
- Améliorer le contenu du site (marketing)
- Revoir la mise en avant des produits (photographie, illustration)

Exemple n° 3 : une cible et un problème larges

« J'aide les entrepreneurs à se démarquer grâce au pouvoir du marketing. »

Ici, on ne communique rien d'intéressant. On n'en sait pas vraiment plus sur les clients cibles. Et on ne sait même pas le périmètre d'action et ce qu'il propose.

Si vous avez un positionnement comme celui-ci, qui voulez-vous aider ? Et surtout, à quel problème vous adressez-vous par rapport à votre expérience et vos compétences ? Si je suis un client potentiel, j'ai trop de doutes sur votre capacité à m'accompagner pour vous contacter. Vous communiquez ainsi une démarche brouillonne et vous ne donnez pas confiance.

Exemple n° 4 : une cible et un problème trop précis

« J'accompagne les mamans fitness entrepreneures de ma ville à réorganiser leur espace de travail pour gagner en productivité. »

Bien que le problème soit intéressant, il est trop précis par rapport à la cible géographique (si vous habitez une petite ville en région par exemple). Se spécialiser, c'est bien. Mais attention à la taille de votre marché. Personne ne touche 100 % de sa cible. Pensez alors à votre marge de sécurité sur le nombre de personnes potentiellement intéressées par votre service. Dans notre exemple, vous pouvez ouvrir à votre région entière.

Votre cible idéale devra donc se trouver aux intersections de vos compétences, des tendances du marché (et ses opportunités) et des problèmes douloureux que vous adressez avec votre offre.

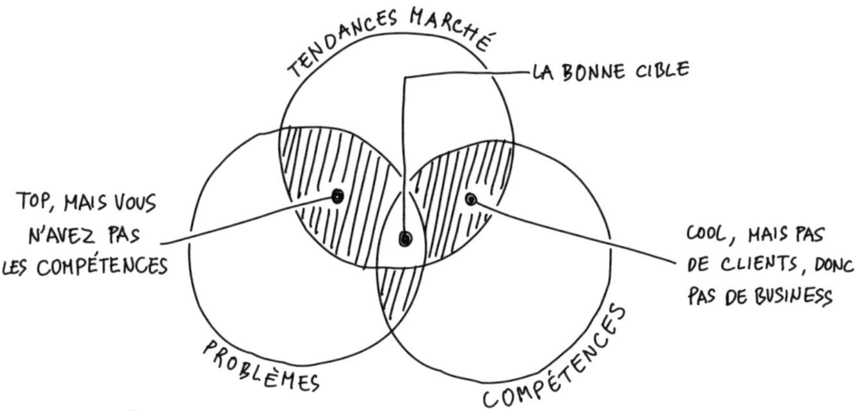

LES POINTS DE CONVERGENCE DE VOTRE CLIENT PARFAIT

- Tendances marché + problèmes douloureux = parfait, mais il vous manque le volet compétences.
- Tendances marché + compétences = intéressant, mais êtes-vous sûr qu'il existe des problématiques suffisamment douloureuses pour que vos clients fassent appel à vous ?

POINT D'ÉTAPE

Ne cherchez pas à vous mettre une pression gigantesque pour trouver le bon positionnement du premier coup. Ça n'arrive que très rarement. Il évoluera avec le temps, en fonction du marché, de vos expériences et aussi de vos envies ! Ne passez donc pas trop de temps à intellectualiser la démarche. Passez à l'action le plus vite possible.

1. Faites le point sur vos expériences passées, vos compétences et vos hypothèses de positionnement.
2. Définissez votre client idéal en fouillant Internet.
3. Interrogez votre client cible pour valider vos hypothèses et récupérer des retours pour construire votre positionnement.
4. Identifiez les opportunités du marché en fonction de vos

5. Évaluez les solutions alternatives à ce que vous proposez en tant qu'indépendant.
6. Rédigez votre document de positionnement.

Parfois, il est plus difficile d'identifier les communautés dans lesquelles vos clients sont présents. Dans ce cas, je vous recommande trois actions supplémentaires :

1. **Contactez directement les clients potentiels sur votre marché cible (en passant l'étape n° 2)**. Le plus important reste de vous confronter au marché, de décrocher votre téléphone et de conduire des entretiens pour mieux comprendre votre cible.

2. **Utilisez votre réseau pour obtenir des introductions.** Amis, collègues, anciens clients, alumnis, peu importe. Votre objectif est de rentrer en contact avec vos clients par l'intermédiaire d'une connaissance. Plus vous parlerez de votre projet, plus vous multiplierez les chances d'obtenir des mises en relation en restant dans la tête de toutes ces personnes. Vous provoquez ainsi de nouvelles opportunités.

3. **Identifiez des événements physiques.** Tous les marchés fonctionnent sur un système de communauté, quelle qu'elle soit. Si vos cibles ne sont pas en ligne, alors elles sont présentes à des événements physiques (conférences, petits déjeuners, ateliers…). Ce n'est pas à vos clients de faire l'effort de vous trouver. C'est à vous d'être présent là où sont vos clients idéaux.

PARTIE 3

Méthodes et stratégies pour mieux vendre

CHAPITRE 8

La méthode des 90 jours pour atteindre ses objectifs

Le sujet de la productivité est partagé à toutes les sauces sur Internet. Il touche tout le monde, mais les entrepreneurs et les freelances y sont particulièrement sensibles. Personne n'est derrière notre épaule tous les jours pour nous dire quoi faire. Nous n'avons pas de managers pour nous remettre dans le droit chemin au moindre écart.

Pour une large majorité d'entre nous, nous avons choisi d'être freelances pour mieux contrôler notre temps, nos décisions et nos actions. Être freelance, c'est la vie rêvée. On a maintenant la possibilité de faire ce qu'on veut, quand on veut. D'ailleurs, sur les réseaux sociaux comme Instagram, on a parfois l'impression que tout va bien. Les gens profitent à fond, sont studieux et lancent des projets, alors que vous avez du mal à rester motivé tous les jours.

Vous aurez nécessairement des coups de mou, des baisses de motivation et des remises en question. Mais tout ça fait partie de l'aventure et du processus pour atteindre vos objectifs personnels. Le plus important est de ne jamais lâcher et continuer d'avancer jour après jour vers vos objectifs personnels.

Les sujets de productivité et d'organisation me passionnent. Apprendre à gérer son temps fait partie des compétences clés à développer quand on monte son projet. Mais très souvent, on ne se focalise pas sur les fondamentaux. On pense être productif mais en réalité :

- on travaille comme un fou tous les jours pour avancer, sans se concentrer sur les actions les plus stratégiques,
- on devient maître dans l'art de la planification, en passant plus de temps à planifier plutôt qu'à exécuter.

Le mythe de l'entrepreneur productif

Vous avez très certainement déjà entendu parler du livre de Hal Elrod *Miracle Morning*[1]. Ce livre vous promet de « partager les secrets qui vous garantissent une transformation dans votre vie… avant 8 heures du matin ». Ce best-seller s'est vendu à des centaines de milliers d'exemplaires à travers le monde. Certains s'amusent même à vous vendre des formations pour appliquer ce qui est écrit dans le livre. Malgré son succès, je trouve que ce livre est l'un des plus culpabilisants que j'ai lus.

L'idée n'a rien de révolutionnaire, mais la recette est efficace. L'objectif est de se réveiller tôt et de suivre votre routine matinale. Généralement, vos journées commencent à 5 h 30, pour enchaîner les tâches : méditation, sport, petit déjeuner, affirmations positives, visualisation, lecture et écriture dans votre journal.

Comme beaucoup de personnes, j'ai essayé de suivre cette routine au pied de la lettre. À la fin de la première journée, j'avais l'impression d'être au-dessus du lot. Deux semaines plus tard, mon réveil ne sonnait plus à 5 h 30 du matin et toutes mes tâches matinales avaient disparu. Physiquement (et mentalement), c'est plus difficile qu'il n'y paraît. « Pourquoi est-ce que je n'y arrive pas alors que tant de gens ont l'air d'y parvenir ? Si je n'arrive même pas à suivre une routine matinale, comment est-ce que je peux espérer réussir à développer mon activité ? »

1. *Miracle Morning. Offrez-vous un supplément de vie !*, Pocket, 2017.

Aujourd'hui, voici comment sont perçus les entrepreneurs les plus productifs :

- Ils se lèvent tôt, avec une routine matinale aux petits oignons ;
- Ils travaillent toute la journée, en rayant des to-do lists longues comme le bras ;
- Ils sont connectés en permanence, avec une réactivité à toute épreuve.

La *Hustle Culture* (« le travail acharné ») est à la mode. Pour réussir, on devrait :

- travailler beaucoup plus que les autres ;
- optimiser chaque minute de sa journée.

Notre rythme de travail n'est qu'une seule pièce d'un puzzle bien plus complexe. On nous fait croire qu'en travaillant comme un acharné, on arrivera forcément au succès, un jour ou l'autre. Et si ça ne marche pas, c'est entièrement de notre faute. Le problème, c'est que travailler dur, ça ne veut pas dire grand-chose quand on y réfléchit. Vous accomplissez de nombreuses tâches chaque jour. Et pourtant, rien n'y fait. Vous galérez à trouver vos premiers clients, vous faites du surplace et vous travaillez tellement que vous n'avez plus de vie sociale à côté. En réalité, vous êtes en train de perdre du temps sur des tâches secondaires, qui n'ont pas d'impact direct sur votre activité. Vous n'êtes pas concentré sur l'essentiel, parce que vous n'arrivez pas à distinguer les tâches stratégiques de vos autres actions. Si vous continuez à ce rythme-là, vous courrez vers deux risques :

1. **le *burnout***, un état d'épuisement physique et/ou émotionnel lié à votre rythme professionnel ;
2. **une anxiété et un stress décuplés**, car vous ne vous concentrez pas sur les bonnes choses.

Vous commencez progressivement à remettre en cause vos choix de vie et vos décisions car les résultats ne sont pas là, alors que vous travaillez comme un fou. Généralement, à ce moment-là, vous revoyez toute votre planification pour repartir de zéro. Mais là encore, vous pouvez aussi bloquer…

Les procrastinateurs adorent planifier leur semaine

Finalement, se créer une nouvelle organisation, revoir son planning et prévoir les tâches à faire sont à la portée de tous. D'ailleurs, les procrastinateurs sont des champions de la planification. Pourquoi ? Faire un plan, ce n'est pas engageant. Et souvent, les plans ressemblent plus à une liste d'actions vagues à accomplir. Exemple :

- lire la presse,
- apprendre à créer un site Internet,
- écrire un article sur son métier,
- réfléchir à sa vision à long terme,
- travailler avec de nouveaux clients…

Nous avons tous une part de procrastination en nous. C'est humain et nous devons l'accepter. Le but est de réussir à prendre le dessus sur cette petite voix intérieure qui ne recherche qu'une chose : maximiser notre plaisir, immédiatement. Voici l'incarnation de la procrastination selon Tim Urban, un célèbre blogueur américain.

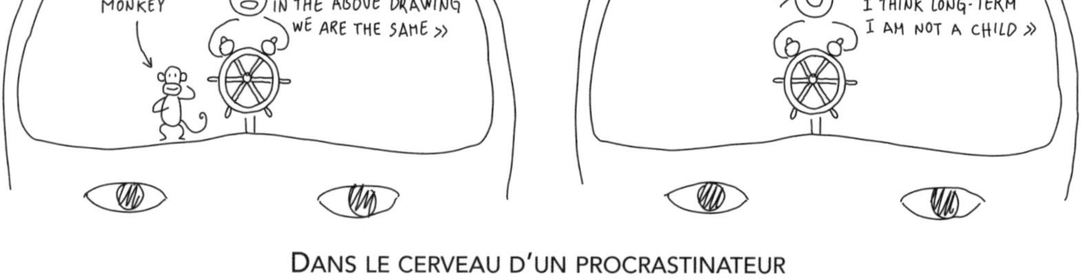

DANS LE CERVEAU D'UN PROCRASTINATEUR

Ce petit singe vit dans le moment présent, n'apprend jamais du passé et ne veut surtout pas se projeter dans le futur. Deux mondes s'affrontent alors dans votre cerveau :

- **votre capitaine,** qui veut avancer vers vos objectifs personnels,
- **votre singe,** qui préfère s'amuser et vivre l'instant présent.

C'est un bazar complet dans lequel personne ne s'entend. Vous n'avez plus le contrôle, vous vous découragez et rien n'avance. Lorsque j'ai découvert le schéma de pensée de Tim Urban sur la procrastination, j'ai eu comme un électrochoc. Je comprenais enfin ce qui se passait dans ma tête lorsque je voulais m'attaquer à des tâches inédites et difficiles. Je trouvais toujours une bonne excuse pour la repousser à la semaine suivante, encore et encore ! Mais ce petit singe a un point faible : les deadlines. Votre organisation doit forcément être définie dans le temps pour être un moteur d'action plus que de procrastination.

Les 2 paramètres d'un planning efficace

Transformer vos listes de souhaits interminables en plan d'action

Faire de grandes listes de tâches est probablement le meilleur moyen de commencer à planifier. Vous évacuez tout ce que vous avez en tête. Mais ce n'est que la première étape. Vous devrez ensuite prioriser et sélectionner les tâches les plus importantes pour atteindre vos objectifs (chapitre 4). Votre plan se construit en premier lieu de cette manière. Votre objectif est d'éliminer toutes les tâches qui ne sont ni importantes (actions non essentielles pour atteindre vos objectifs), ni urgentes (actions non essentielles qui n'ont pas à être accomplies rapidement) pour vous concentrer sur l'essentiel.

Transformer vos idées vagues en tâches concrètes et actionnables

Nos idées sont imprécises, par nature. Ces idées devront donc être découpées en petites tâches concrètes, sur lesquelles vous êtes sûr d'avancer. Si l'on reprend un des exemples de la liste « écrire un article de référence », vous pourriez le transformer de cette manière :

- **Étape n° 1 :** réfléchir à plusieurs thèmes intéressants sur lesquels se positionner.
- **Étape n° 2 :** faire une liste de 3-4 idées d'articles avec des points de vue contre-intuitifs.
- **Étape n° 3 :** choisir une idée et construire son plan et sa structure.
- **Étape n° 4 :** rédiger une première version de l'article.

Les 3 ingrédients pour mieux gérer votre temps

Être productif, ce n'est pas courir après le temps sans réfléchir à vos actions. En ce moment, je suis en train d'écrire le livre que vous tenez entre les mains. À la fin de mes journées de travail, je me sens productif dans 80 % des cas. Et pourtant, je ne travaille pas 10 heures par jour sur ce livre. En revanche :

- je sais ce que j'ai à faire chaque semaine et chaque jour,
- je me bloque 3 h 30 chaque matin pour écrire, sans interruption,
- je lance ma playlist Spotify préférée, avec un bon café et mes idées pour la journée,
- je termine mes journées par des activités « plaisir », sans culpabiliser si je n'en ai pas fait assez dans ma journée.

Après une bonne matinée, j'ai déjà accompli **beaucoup, par rapport à mes objectifs**. Et pour avoir testé des dizaines de méthodes au fil des années, mon travail est aujourd'hui de meilleure qualité que lorsque je multipliais les actions et les micro-tâches en courant après du temps que je n'avais pas !

Ingrédient n° 1 : la concentration

Notre capacité d'attention est sûrement ce qu'il y a de plus précieux. Nous sommes en permanence sollicités. Nous recevons des dizaines de messages par jour entre WhatsApp, Messenger, Gmail, Instagram, LinkedIn ou Twitter. Et c'est sans compter le nombre incalculable de notifications intrusives de nos applications.

En 2009, Sophie Leroy, professeure à l'université du Minnesota, a publié une étude sur l'attention résiduelle[1]. Le problème qu'elle identifie est très simple : lorsque vous passez d'une tâche A à une tâche B, votre attention ne suit pas immédiatement. Une partie de votre cerveau continue de se concentrer sur la tâche A. C'est pour cela que le multitâche n'a jamais fonctionné (et ne fonctionnera jamais !).

Or aujourd'hui, nous concentrer est devenu de plus en plus difficile. C'est pour cela que la capacité de concentration a plus de valeur puisque c'est le meilleur moyen d'accomplir vos projets sur le long terme. Votre concentration peut devenir un avantage compétitif non négligeable, d'autant plus en tant qu'indépendant, car vous avez la possibilité de faire mieux que les autres, sans en faire plus ! Se concentrer sur une longue période de temps vous permet de travailler sur des tâches créatives ou stratégiques, qui vous serviront de levier sur votre activité, comme :

- Identifier une opportunité pour votre positionnement (chapitre 6).
- Créer une nouvelle série de contenus pour votre site Internet (chapitre 11).
- Préparer une proposition commerciale pour l'un de vos prospects (chapitre 13).
- Réfléchir aux prochaines étapes pour atteindre vos objectifs.

1. https://www.sciencedirect.com/science/article/abs/pii/S0749597809000399

Ingrédient n° 2 : un état d'esprit créatif

Le freelance qui enchaîne les cafés pour tenir 11 heures par jour derrière son bureau n'est probablement pas créatif. Son énergie est consacrée à multiplier les heures de travail de façon compulsive, alors que les plages créatives feront la différence sur le long terme. Par exemple, vous venez de vous lancer et vous cherchez à signer vos premiers clients. Deux options s'offrent à vous :

- **L'option « créative » :** trouver une manière intelligente de prospecter en identifiant les points clés de votre réseau, en travaillant sur un positionnement différenciant (et le faire savoir).
- **L'option « pilote automatique » :** créer un template e-mail et envoyer des dizaines et des dizaines d'e-mails chaque jour, enchaîner les démarchages sur LinkedIn et vous inscrire à tous les événements de votre ville.

Ingrédient n° 3 : un plan bien ficelé

Le dernier ingrédient est le plus stratégique et le plus difficile à garder sur le long terme. Pour produire intelligemment, il vous faut un plan qui tient la route, une stratégie que vous allez suivre sans avoir à reprendre tout à zéro chaque matin.

C'est tout le paradoxe des plans d'organisation. Vous devez y passer quelques heures par mois maximum pour vous concentrer sur vos projets quotidiens. Et pourtant, votre plan est ce qu'il y a de plus stratégique car il doit vous permettre de garder le cap et d'atteindre vos objectifs personnels. Après avoir testé différentes techniques d'organisation, cela fait plus de 2 ans que j'utilise la méthode des 90 jours. Bien sûr, ce n'est pas la seule méthode qui fonctionne. Mais à ce jour, c'est la plus pragmatique, complète et efficace qui me permet d'être mieux organisé, tout en ayant une vision claire de ce que je veux accomplir.

La méthode des 90 jours est votre meilleure alliée

Elle vous permet d'établir un plan sur 12 semaines avec des objectifs précis et des actions à accomplir.

Cette organisation prend le contre-pied des plans en 25 étapes et 46 sous-tâches dans lesquels vous avez toutes les chances de vous perdre dès l'étape n° 2.

La suite du chapitre est là pour vous aider à construire, à votre tour, un plan de 90 jours.

Quand on se lance en freelance, on passe d'un système hiérarchisé et cadré à un format où les options à notre disposition sont infinies. Si vous voulez vous lever plus tard ou terminer votre journée plus tôt, vous pouvez le faire. Si vous préférez travailler sur la rédaction de votre prochain article aujourd'hui plutôt que de faire votre compatibilité, personne ne vous en empêche.

Les premières semaines sont incroyables. On jouit d'une liberté dingue. On se sent différent et plein d'énergie. On commence à faire des plans dans tous les sens pour partir à la conquête de ses clients. Le problème, c'est que l'on peut passer des semaines à se projeter sans rien faire de concret. Résultat, on tourne au ralenti. Vos plans ont beau être impeccables sur le papier, il y a de fortes chances que tout ce travail soit irréaliste. Se projeter à 2 ans, quand on arrive dans un nouveau monde où il faut déjà déconstruire sa manière de penser et agir comme un entrepreneur, à la tête de sa petite entreprise, c'est extrêmement compliqué.

À l'inverse, ne rien prévoir du tout peut vous mettre dans une situation délicate. Vous enchaînez les journées sans vraiment comprendre pourquoi vous travaillez sur cette tâche-là précisément. Vous n'avez pas non plus de stratégie claire et vous passez d'une idée à une autre en fonction des dernières tactiques à la mode.

J'ai connu ces deux phases lorsque j'ai commencé à lancer mes premiers projets à l'école. À l'époque, j'avais découvert un entrepreneur, Taylor Pearson, qui parlait d'investissements, de lectures et de marketing. En 2016, je tombe alors sur l'un de ses articles « Antifragile Planning: Optimizing for Optionality (Without Chasing Shiny Objects[1]) » (« Planning Antifragile : optimiser pour anticiper (sans courir après le dernier objet brillant à la mode) »). C'était la première fois que je comprenais l'intérêt de planifier intelligemment ses actions. Je venais de découvrir la méthode des 90 jours. Et je trouve qu'elle répond à deux grands problèmes :

1. On a tendance à complexifier notre système d'organisation.
2. On adore construire des *reportings* dont on ne se sert jamais.

La méthode de Taylor Pearson me permettait enfin d'avoir un système d'organisation simple grâce auquel je pouvais passer à l'action, tout en mesurant rapidement mon état d'avancement.

Apprendre à concilier stratégie et action

Thomas John Watson Sr. a dirigé IBM pendant plus de 40 ans entre 1914 et 1956. Sa vision d'IBM était remarquable pour l'époque. Beaucoup lui ont demandé comment il avait réussi à développer l'entreprise avec un tel succès.

« L'entreprise est devenue ce qu'elle est aujourd'hui pour trois raisons. D'abord, j'avais une vision très claire de ce que à quoi je voulais que l'entreprise ressemble des années après. C'était précis, j'avais un rêve à accomplir, une mission que je m'étais fixée. Lorsque cette vision était suffisamment claire pour moi, je me suis alors demandé comment une entreprise qui devait ressembler à ça devait-elle agir. IBM connaît le succès car je savais maintenant à quoi l'entreprise devait ressembler,

1. https://taylorpearson.me/planning/

comment y parvenir et agir au quotidien. J'ai alors réalisé que pour assembler tous les morceaux, il fallait agir dès le premier jour, comme une grande entreprise, responsable et professionnelle, avant même d'en devenir une pour de bon[1]. »

Si je résume : vous devez construire une vision, à votre échelle, pour votre activité. C'est d'ailleurs ce que nous avons vu dans les premiers chapitres du livre. Maintenant, il faut agir pour rendre possible cette vision. Et pour cela, il vous faut un plan. Pour arriver à vos fins, il faut être professionnel dès le premier jour. Nous ne sommes pas des amateurs, malgré le peu d'expérience que nous pouvons avoir.

Les deux rôles du freelance : le stratège et le technicien

Les problèmes commencent à arriver lorsque ces deux rôles veulent tous les deux être sur le devant de la scène au même moment. Vous êtes tiraillé de l'intérieur, et c'est insupportable.

Le stratège est visionnaire. Il se projette et vit dans le futur. Il est réfléchi et très analytique et, surtout, il est tourné vers les idées. Le stratège voit le business comme un système qui lui permet d'avoir des résultats externes à l'entreprise (des clients satisfaits, plus de revenus, du temps pour lui).

Le technicien vit dans le présent. Il exécute les plans en effectuant les tâches l'une après l'autre. Il a généralement une, voire deux expertises fortes qui lui permettent d'exceller dans son domaine. Le technicien a une vision centrée sur son activité et les résultats internes (dix tâches ont été accomplies, ce projet a vu le jour, le travail a été rendu dans les temps).

1. Michael E. Gerber, *The E-Myth Revisited: Why Most Small Businesses Don't Work and What to Do,* Harper Business, 2004, page 69.

Les meilleurs freelances arrivent à jongler entre ces deux facettes. Et pour ma part, les plans de 90 jours sont les seuls moyens que j'ai trouvés pour concilier ces deux facettes.

- Tous les ans, vous réfléchissez aux grands objectifs de l'année *(stratège)*.
- Puis vous construisez votre plan pour vous rapprocher de ces objectifs, sur 90 jours *(stratège)*.
- Vous passez ensuite votre première semaine à exécuter le plan *(technicien)*.
- Vous faites un bilan hebdomadaire pour préparer la semaine suivante en fonction de votre plan de 90 jours *(stratège)*.
- Puis vous exécutez pendant 7 jours *(technicien)*. Et ainsi de suite.

Vous gardez la motivation car vous savez que les tâches que vous êtes en train d'accomplir aujourd'hui auront un impact sur les 90 prochains jours, puis sur l'année. Et puis vous créez des boucles de feedback rapides pour garder le cap et avancer vers vos objectifs.

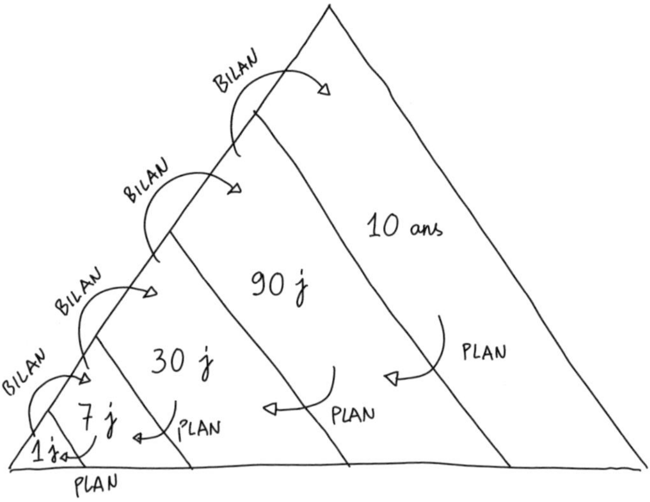

LA PYRAMIDE DES 90 JOURS

Nous sommes incapables d'anticiper

Nous avons tous tendance à surestimer ce qu'on est capable d'accomplir à court terme, alors que nous sous-estimons nos résultats à long terme.

Lorsque je regarde trois ans en arrière et que j'analyse le chemin parcouru, je me rends compte que la progression a été incroyable. À l'époque, je terminais mon école, avec quelques missions freelance en poche. Une entreprise venait me chercher pour un poste de Content Manager. En décembre 2017, j'étais en train de voyager et de découvrir l'Asie pour rencontrer des entrepreneurs du coin. Si on m'avait dit qu'en 2020…

- je gagnerai très bien ma vie en freelance, en travaillant seulement quelques jours par semaine,
- je créerai le podcast francophone de référence pour les freelances,
- j'écrirai un livre pour partager mon aventure et vous permettre de prendre en main la vôtre,

…jamais je n'y aurais cru ! Pourquoi ? Parce que nous avons tendance à sous-évaluer ce qui va arriver à long terme. À l'inverse, on surévalue notre capacité à accomplir certains projets à court terme. Combien de fois avez-vous terminé votre semaine sans avoir été au bout des tâches que vous aviez prévu de faire ?

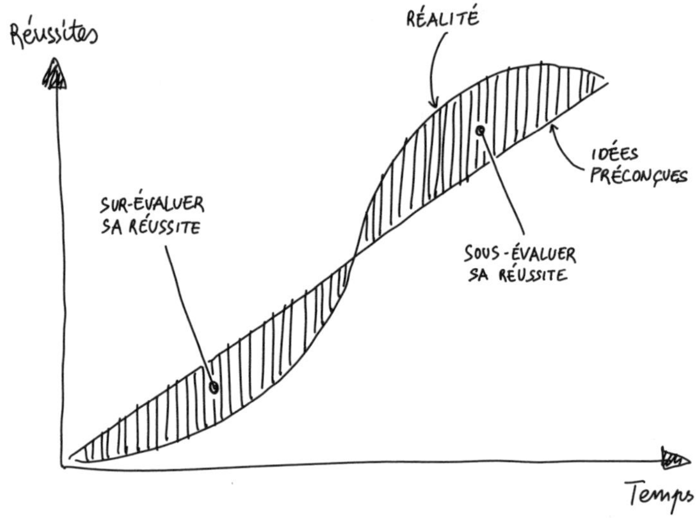

LA LOI D'AMARA

Le plan de 90 jours est le parfait compromis. Il vous permet d'être réaliste sur ce que vous pouvez accomplir, tout en affichant des objectifs ambitieux mais tenables.

Il me faudrait plus que quelques pages pour vous expliquer dans les détails la manière de construire votre plan de 90 jours. Mais voici les grands principes à garder en tête pour construire un plan qui vous permet d'avancer chaque jour vers vos objectifs.

4 étapes pour construire son plan de 90 jours

Chaque année, vous allez définir les grandes orientations des 12 mois à venir. Votre vision à long terme que nous avons vue au début du livre doit vous aider à préparer votre plan annuel. Ensuite, au début de chaque trimestre, vous allez réfléchir aux objectifs que vous souhaitez atteindre pour réussir votre plan annuel. Pour ne pas démarrer de zéro, je découpe ma préparation en quatre grandes questions.

1. Qu'est-ce que je veux accomplir pour les prochains 90 jours ?
2. Quelles sont les nouvelles opportunités que je devrais saisir ?
3. Comment se sont passés mes 90 derniers jours ? Et pourquoi ?
4. Où devrais-je mettre mon attention et ma concentration dans les prochains mois ?

1. Que voulez-vous accomplir dans les prochains 90 jours ?

Durant cette phase, reprenez vos objectifs à long terme, puis vos objectifs annuels. Prenez au moins une heure pour vous demander comment vous allez les atteindre.

- Quel est le chemin pour y arriver ?
- Qu'allez-vous tester pour vous rapprocher de ces objectifs ?

2. Quelles sont les opportunités que vous devriez saisir ?

À cette étape, j'aime ouvrir un document vierge dans lequel j'écris tout ce qui me vient à l'esprit. J'en profite également pour reprendre mes notes de téléphone, mes notes vocales et toutes les réflexions que j'avais mises de côté pendant les 90 derniers jours.

Vous n'avez pas besoin d'avoir une structure cadrée pour faire cet exercice. Pensez également aux rencontres que vous avez faites, aux podcasts, articles ou vidéos que vous avez consommés et qui vous ont donné de nouvelles idées. Votre pensée doit diverger au maximum.

3. Comment se sont passés vos 90 derniers jours ?

Cette phase est indispensable, même si vous n'avez encore jamais raisonné en plan de 90 jours. Là encore, prenez le temps qu'il faudra pour répondre à ces grandes questions :

- Que s'est-il passé de bien ?
- Quels sont les résultats (quels qu'ils soient) qui découlent de votre travail ?
- Qu'est-ce qui n'a pas fonctionné (en externe, comme dans votre organisation) ?
- Pourquoi cela n'a pas fonctionné ? Quelles ont été vos erreurs ?
- Quelles sont les choses qui vous ont pris énormément de temps comparé aux résultats que vous avez eus ?
- Qu'est-ce qui a plutôt bien fonctionné, mais qui mérite d'être amélioré ?

4. Qu'allez-vous accomplir durant les 90 prochains jours ?

Il s'agit maintenant de faire le tri parmi tout le contenu rédigé durant les trois étapes précédentes. Si vous vous projetez maintenant dans 12 semaines, qu'avez-vous envie d'avoir accompli ?

- Quelles sont vos 2-3 priorités du trimestre ?
- Vont-elles vous permettre de vous rapprocher de vos objectifs à plus long terme ?
- Parmi toutes les idées et réflexions que vous avez eues, sur quoi allez-vous décider de vous concentrer ?
- Certaines idées sont-elles plus stratégiques que d'autres ?

Je vous conseille de choisir **3 objectifs grand maximum**. Ensuite, pour chacun des objectifs, sélectionnez les projets/les tâches à accomplir. Chaque projet doit avoir son indicateur de performance pour vous permettre de savoir si vous avez accompli (ou non) votre objectif.

> **Le résultat d'un plan de 90 jours pour l'un de mes objectifs de 2020 :** publier un livre référence pour les freelances.
>
> Le choix des mots est important. Je parle de publication, plus que d'écriture. Je parle d'un livre référence sur lequel je vais pouvoir mettre un indicateur.

Mon plan de 90 jours sur le trimestre 3 de l'année pour cet objectif ressemblait donc à cela :

- Objectif annuel : publier un livre référence pour les freelances
- Objectif trimestriel : envoyer le manuscrit à l'éditeur

Pour atteindre ces objectifs :

- Écrire les 20 K mots restants
- Structurer et animer le groupe Facebook de bêta-lecteurs
- Trouver le titre et le sous-titre du livre
- Faire une relecture individuelle et une relecture collective

Dans votre plan de 90 jours, vous n'avez pas besoin de rentrer dans les détails de chaque projet. C'est votre revue stratégique hebdomadaire qui vous permettra de découper ces projets en sous-tâches, réparties au fil des trois mois.

Chacun de mes plans trimestriels me prend environ une journée (analyse du précédent plan et préparation du prochain plan). Je ne fais jamais ça dans la précipitation, puisqu'une fois qu'il est prêt et rédigé, je reviens rarement dessus en cours de route.

Qu'est-ce qu'une bonne stratégie ?

Le terme « stratégie » est utilisé pour tout et n'importe quoi. D'ailleurs, beaucoup d'entreprises pensent travailler sur leurs stratégies alors qu'elles ne font que générer une liste de tactiques pour atteindre des résultats en fin d'année.

Toutes les bonnes stratégies ont un noyau dur, composé de trois éléments :

- Un diagnostic
- Une ligne directrice
- Des actions cohérentes

La ligne directrice est votre plan de 90 jours. Vous choisissez votre équipement, vos armes et le chemin à emprunter pour votre prochaine aventure de trois mois. Vous marquez la direction de votre expédition, sans en définir les moindres détails (les actions cohérentes et les micro-tâches).

Une bonne stratégie vous demandera d'accepter de dire non à certains projets ou opportunités pour vous focaliser sur votre plan. Chaque semaine, j'ai de nouvelles idées pour mon activité, comme pour Tribu Indé. Et chaque semaine, je dois me rappeler que ce n'est pas le moment de tester de nouveaux projets, parce que je veux continuer d'aller dans la direction que je me suis fixée, sans être ralenti.

Lorsque vous allez commencer à vous refuser de nouvelles idées, c'est précisément là que cette méthode est incroyable. Vous réussissez à combiner une vision à moyen terme sur trois mois, tout en faisant plaisir à votre petit singe intérieur (gratification instantanée), puisque chaque semaine vous avancez un peu plus vers ces objectifs.

Ne pas céder au syndrome de l'objet brillant

Thomas Burbidge, un freelance spécialisé en identité de marque[1], m'en parlait dans un épisode du podcast Tribu Indé. L'un de ses plus gros challenges de vie, c'est de rester concentré sur ses objectifs. « Si l'on prend une image, je suis comme un petit chiot fou qui court après les croquettes. On va me lancer une croquette à gauche, je vais foncer. Puis à droite, et encore à gauche, puis derrière moi. Et à chaque fois, je vais y aller, trop excité par la nouveauté, et les idées de projets. Le chien sage sait que les croquettes ne bougeront pas. Il va en manger une, tranquillement. Puis une fois qu'il aura terminé, il ira chercher la deuxième sans se presser, et ainsi de suite. »

1. Pour découvrir le parcours de Thomas Burbidge, vous pouvez écouter les épisodes 9 et 52 du podcast Tribu Indé sur tribuinde.com

C'est exactement le syndrome de l'objet brillant. Lorsque vous êtes constamment attiré par les objets brillants, vous recommencez inlassablement votre courbe de progression et donc d'accomplissement. Si vos idées sont pertinentes, elles le resteront dans trois mois, je vous le garantis. La question de l'organisation (et de la productivité) est véritablement liée à l'autodiscipline.

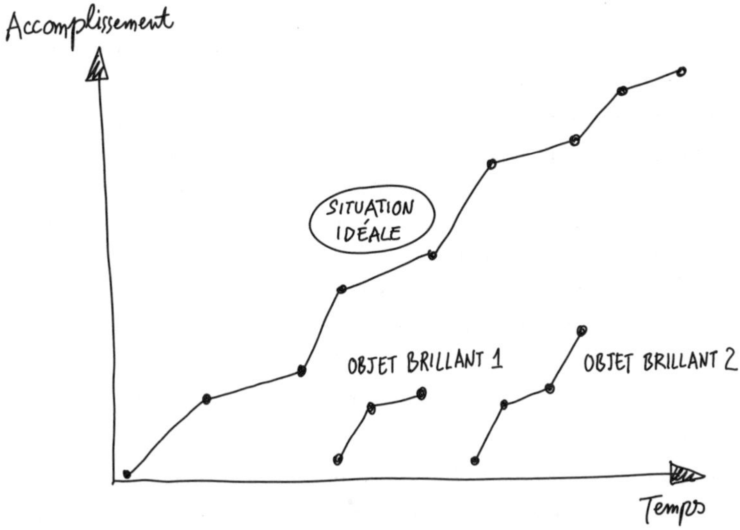

LE SYNDROME DE L'OBJET BRILLANT

Volontairement, je ne vous ai pas parlé des derniers outils à la mode, d'automatisation de vos tâches ou des derniers carnets de productivité à toujours avoir dans son sac à dos. On peut courir des années derrière des tactiques et des outils magiques pour rallonger ses journées et rattraper le temps perdu. On appelle ça une machine à remonter le temps, et elle n'existe pour le moment que dans notre imagination.

POINT D'ÉTAPE

Votre journée de rêve ne sera sûrement pas la même que ces entrepreneurs prêts à se lever à 5 heures du matin. En revanche, elle sera le résultat de trois paramètres :

- de la concentration,
- un état d'esprit créatif,
- une stratégie claire, précise et actionnable.

La méthode des 90 jours a été pour moi le parfait compromis entre réflexions stratégiques et actions quotidiennes pour me rapprocher de mes objectifs. Partez de vos objectifs à long terme, puis revenez progressivement jusqu'au moment présent (année, trimestre, semaine puis journée). À chaque trimestre, rappelez-vous de ces 4 étapes et documentez vos réflexions, c'est important !

1. Que voulez-vous accomplir dans les prochains 90 jours ?
2. Quelles sont les opportunités que vous devriez saisir ?
3. Comment se sont passés vos 90 derniers jours ?
4. Où allez-vous mettre votre attention durant les 90 prochains jours ?

Prenez une journée à chaque trimestre pour travailler sur ces questions en vous référant à ce chapitre. Une fois ce temps passé, concentrez-vous chaque semaine sur l'action pour avancer vers vos objectifs. Vous savez maintenant ce que vous devez accomplir précisément et quels seront vos indicateurs de réussite.

Et n'oubliez pas de rester concentré sur vos projets. Si une nouvelle idée (ou opportunité) est suffisamment intéressante, elle le sera encore dans 90 jours. Vous pourrez alors y réfléchir calmement pour l'intégrer à votre nouveau plan.

En vous rendant sur tribuinde.com/livre-bonus, retrouvez ma discussion avec un autre indépendant sur sa manière de s'organiser.

CHAPITRE 9

3 modèles pour trouver ses clients

Quand j'étais plus petit, j'étais très timide. Un rien me faisait stresser. Par exemple, je redoutais les vacances et le centre de loisirs. Je n'étais jamais sûr d'y retrouver mes amis le lendemain. Alors le soir, je m'imaginais tous les scénarios possibles au cas où mes amis ne seraient pas là. À qui je pourrais bien parler ? Comment je pourrais les aborder ? Je n'avais pas envie de passer pour le gars qui n'a pas d'amis. L'idée d'arriver quelque part et de ne connaître personne me terrifiait ! J'étais beaucoup plus à l'aise dans ma chambre, avec mes amis, mes jouets et mes repères. Quand on grandit, les enjeux évoluent, mais le schéma reste le même. On a peur de se confronter à l'inconnu, à notre marché cible. Trouver ses clients n'a rien de simple, et peut même faire peur pour certains d'entre nous.

On peut passer des semaines (voire des mois) à intellectualiser sa vision en freelance. On passe nos journées à « réfléchir », à faire des plans sur la comète, à trouver l'angle parfait pour se présenter, à travailler sur son site Internet avec des dizaines de pages et à écrire tout autant d'articles qu'on ne publiera sûrement pas. On cherche tous le bon moment pour contacter de potentiels clients. On attend que tout soit prêt, « au cas où ».

Si vous avez lu attentivement les précédents chapitres sur le positionnement, vous devriez avoir une vision beaucoup plus claire de vos clients cibles (et de ce que vous êtes capable de leur proposer pour répondre à leurs besoins).

Idée clé

« Mon client cible ressemble à [insérer les informations les plus importantes récoltées pendant vos entretiens].

Sa mission est généralement de [insérer sa proposition de valeur pour ses clients]. Il reste très attentif sur ses indicateurs de performances [à quoi fait-il attention ?].

Aujourd'hui, il a plusieurs blocages. Ses objectifs du moment sont [à compléter]. Mais il fait face à ces problèmes : [à énumérer] qui l'empêchent d'avancer correctement.

Il a tenté de faire [les solutions alternatives], mais il y voit plusieurs limites [quelles sont-elles ?] »

Ce travail de réflexion terminé, vous allez maintenant enfiler votre casquette de commercial. Vous allez me dire, « oui Alexis, mais les développeurs freelances n'ont pas besoin de trouver des clients eux. Ils n'arrêtent pas de recevoir des demandes sur LinkedIn et par e-mail ! Pourquoi ce serait à moi d'aller chercher mes clients ? Si ma stratégie de communication est bonne, ils viendront à moi naturellement. » Je vous répondrais que les développeurs sont pour moi une exception et pour combien de temps encore… Ils ont des compétences techniques qui ont aujourd'hui beaucoup de valeur. Le marché est tendu, avec une demande bien supérieure à l'offre. Ce n'est donc pas le bon exemple à suivre si vous souhaitez avoir le plein contrôle sur votre activité. Vous allez donc devoir trouver des clients par vous-même. Je ne vous parlerai pas des 37 canaux d'acquisition à tester absolument. Au contraire, je vous propose une approche différente, selon trois modèles de prospection. Selon votre niveau d'expérience et de crédibilité, vous pourrez ainsi vous concentrer sur un ou deux modèles pour démarrer.

Les 5 niveaux du freelancing

Seth Godin est un marketeur cérébral. Chacune de ses idées est une pépite de réflexion. Pour lui, il existe 5 grands niveaux pour son activité d'indépendant. Et comme toute aventure, notre héros (c'est-à-dire vous !) évolue au fil du temps. À noter que les premiers niveaux ne sont pas indispensables si vous avez déjà de l'expérience et des compétences rares et utiles.

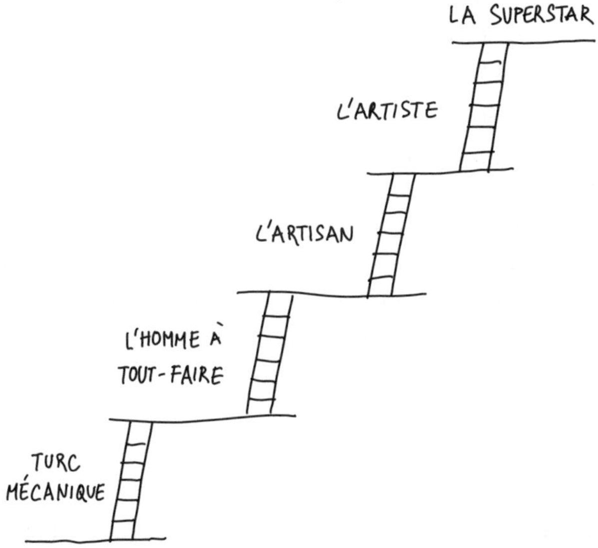

LES 5 NIVEAUX DU FREELANCE

Niveau 1 : le Turc mécanique

Fin 2005, Amazon lance un service de micro-travail pour effectuer des micro-tâches avec très peu de valeur ajoutée, mais nécessitant quand même l'intervention d'un humain et je peux vous dire que les tâches sont très basiques sur l'échelle de valeur. Le salaire horaire moyen ne dépasserait pas les 2 $[1]. Il va sans dire que je vous déconseille de passer par ce genre de plateforme, même au démarrage.

Niveau 2 : l'homme à tout faire

Il est efficace dans son travail sans que l'on ait de grandes attentes sur ce qu'il peut nous proposer. Ses prestations sont relativement généralistes, comme pourraient l'être celles d'un bricoleur du dimanche qui sera capable de réparer une chasse d'eau, faire quelques trous dans un mur et tondre la pelouse.

Il peut aussi être le choix par défaut. Si vous êtes le seul photographe de votre village, les habitants devront faire appel à vos services, même si votre positionnement n'est pas clair. Mais dès lors que la concurrence arrive, le jeu va se corser. On retrouve ce modèle sur certaines plateformes de freelances, où il n'y a pas toujours un lien de confiance entre le client et le prestataire. Vous ne créez pas de relation puisque votre client choisit de travailler avec un freelance en fonction de son prix et de sa rapide description.

Niveau 3 : l'artisan

Il met du cœur à l'ouvrage. Et pour cause, il commence à avoir une solide réputation pour la qualité de son travail. Les gens sont prêts à payer un peu plus cher car il a été recommandé par d'autres clients.

1. https://fr.wikipedia.org/wiki/Amazon_Mechanical_Turk#:~:text=Amazon%20Mechanical%20Turk%20(AMT%2C%20litt,t%C3%A2ches%20plus%20ou%20moins%20complexes.

Vous ne pourrez pas devenir artisan et accompagner vos clients sur « leur marketing digital », ou en « maîtrisant » tous les langages de développement Web. À ce niveau-là, la spécialisation commence à prendre le dessus.

> Jérémie Claeys est progressivemment passé de graphiste à illustrateur. Son carnet de commandes est aujourd'hui plein pour plusieurs mois. Au fil des années, il a gagné en expérience, il a fait ses preuves pour devenir de plus en plus crédible sur son travail[1].

Niveau 4 : l'artiste

Votre approche est unique. Vous vous différenciez par vos prestations et vos méthodes de travail (*onboarding* client, relationnel, rapidité d'exécution, rareté de votre service ou solution sur-mesure). Vos qualités sont remarquables et remarquées. Souvent, ces indépendants sont reconnus pour leur « patte » et leur approche du business. Sur ce quatrième niveau, la recommandation est un puissant facteur pour développer son activité. Vous êtes connus dans un petit cercle d'initiés parce qu'on vient vous chercher pour votre style, vos connaissances et vos précédentes réussites.

> Pierre Vandekerckhove et Sofia Lambrou[2] sont de bons exemples de ce quatrième niveau avec leur studio d'indépendants pluridisciplinaires Bolk. Ils se sont spécialisés dans la conception de services, de l'analyse de marché à l'acquisition des premiers utilisateurs, en passant par la conception du produit. Et pour cela, ils ont développé une approche et une méthode unique

1. Pour découvrir en détail le parcours de Jérémie, il est venu échanger sur le podcast Tribu Indé pour me partager son évolution, ses doutes et ses ambitions : https://tribuinde.com/podcast-jeremie-claeys/

2. Vous pouvez retrouver l'histoire de Pierre et Sofia dans le podcast Tribu Indé : https://tribuinde.com/podcast-sofia-pierre/

entre business, design et technologie. Aujourd'hui, les entreprises viennent les chercher pour leur expertise et leur réputation.

Niveau 5 : la superstar

Vous êtes connu pour être la référence sur votre thématique. Généralement, ces freelances ont creusé un sujet pendant des années pour le comprendre dans les moindres détails. Dans cette catégorie, il ne suffit plus de faire du bon travail, il faut le faire savoir, à grande échelle.

Aujourd'hui, je connais très peu de freelances en France qui ont réussi à atteindre ce niveau 5. Et généralement, on ne parle plus vraiment de freelancing à ce stade pour une simple et bonne raison : la demande est bien supérieure à votre temps disponible. Votre temps n'est pas extensible et vous ne pouvez prendre qu'un nombre limité de clients chaque mois. En devenant la référence sur votre marché, vous n'avez plus suffisamment de temps pour répondre à toutes les sollicitations. Votre vision du business peut alors évoluer pour vous tourner vers d'autres challenges.

Chaque niveau possède ses propres contraintes et ses opportunités. Et il n'y a pas de situation parfaite. Certains freelances seront très heureux d'atteindre le niveau 3, quand d'autres voudront aller encore plus loin et atteindre le niveau 5 à long terme. Du côté de vos clients, on comprend également assez facilement que leurs besoins ne seront pas les mêmes en fonction du niveau dans lequel vous vous situez. Pour trouver les bons clients et décrocher une mission après l'autre, votre positionnement doit être aligné avec les besoins de vos clients.

Comment situer votre niveau de valeur ?

Selon vos prestations, vos méthodes de travail et le coût de votre travail, vous ne vous situez pas sur le même niveau de valeur qu'un autre freelance avec pourtant les mêmes compétences que vous. Ces 5 niveaux sont donc en lien avec :

- le positionnement et les offres que vous choisissez de développer,
- la manière dont vous allez démarcher (et signer) vos clients.

Pourquoi votre client a-t-il besoin de vous ?

L'une de mes premières discussions sur le podcast Tribu Indé portait sur cette question. On pourrait croire qu'il y a autant de raisons que de clients. « Chaque client est unique », « nous nous adaptons à chaque situation pour trouver la solution sur-mesure ». Oui, tout cela est vrai. Mais si l'on remonte à la racine des problématiques de nos clients, ces derniers font appel à nous pour trois raisons principales. Faites le test avec vos clients actuels et essayez de les catégoriser en fonction de ces trois besoins.

- **Raison n° 1 : ils n'ont ni les compétences ni la méthode pour résoudre leur problème *(expertise)***

C'est le cas d'une grande majorité de clients. Ils ont besoin d'être conseillés et d'être accompagnés pour répondre à leurs enjeux et trouver la meilleure solution. Vos clients recherchent une expertise, sans toujours connaître les compétences nécessaires pour passer d'une situation initiale à la résolution de leur problème. Vous pourrez jouer sur vos compétences, la réussite de vos projets et sur votre expérience.

- **Raison n° 2 : ils savent quoi faire, mais veulent aller plus vite *(temps)***

Dans un cas comme celui-ci, votre client sait plus ou moins ce qu'il a à faire. Il a quelques connaissances sur le sujet, mais il préfère généralement se concentrer sur le cœur de son activité. Votre client attendra un plan clair, avec une rapidité d'intervention pour lui faire gagner du temps. Attention cependant. Par expérience, votre client pense toujours en savoir plus qu'en réalité (rappelez-vous de l'effet de Dunning-Kruger). C'est aussi votre rôle de le guider vers la bonne solution si vous pensez qu'il est passé à côté du véritable problème.

- **Raison n° 3 : ils veulent réduire le risque d'échouer en cherchant une méthode déjà prouvée *(modèle)***

La question du temps n'est pas la plus importante ici. En revanche, votre client aura besoin d'un accompagnement structuré, précis, qui a déjà fait ses preuves pour d'autres clients, sur des problématiques similaires. La mise en avant de vos cas clients et la possibilité d'échanger avec vos clients actuels devront être mis en avant.

Ces trois grandes raisons vous permettent aussi de comprendre la psychologie de vos clients. Vous ne pouvez pas avoir le même discours pour chacune de ces trois problématiques. En fonction du profil psychologique de votre client cible, vous adaptez votre discours pour appuyer sur les points les plus importants.

Ramit Sethi est un auteur, blogueur et formateur à succès aux États-Unis. Son blog « I will teach you to be rich[1] » (ne vous arrêtez pas au titre !) est une mine d'or d'informations pour celles et ceux qui sont à l'aise avec l'anglais. Dans l'une de ses conférences, un participant lui pose une question très simple :

« Merci Ramit, mais concrètement, comment je m'adresse aux bons clients ?

– Arrête de vouloir pêcher, et mets-toi en chasse ! »

---

1. « Je vais vous apprendre à devenir riche. »

Lorsque l'on pêche, on n'est jamais sûr de ce que l'on va ramener. Il y a toujours une part de hasard que l'on ne peut pas maîtriser. Vous ne voulez pas compter sur le hasard et prendre le risque de tomber sur un mauvais client. L'idée n'est pas de vous poser à côté de n'importe quel lac, en espérant ramener un beau poisson. Au contraire, la chasse est méthodique et ciblée. D'ailleurs, au sein des entreprises, il existe des équipes de commerciaux que l'on appelle des chasseurs. Ils sont en charge de convaincre des cibles précises, en fonction de leurs objectifs. C'est exactement cette démarche-là que vous devez avoir en tête pour aller chercher vos clients.

Les 3 modèles pour trouver ses clients

Le point de contact joue une importance stratégique dans la suite de votre relation. Croyez-moi, la relation que vous aurez avec un client trouvé sur une énième plateforme de freelances comme 5euros.com ne sera pas du tout la même qu'une recommandation provenant de votre réseau. Imaginez trois marches qui vous permettent d'aller chercher vos clients de manière progressive.

1. **Le réseau :** c'est la meilleure solution pour signer vos dix premiers clients. Votre réseau représente toutes les personnes avec qui vous avez noué un lien plus ou moins fort au cours de vos différentes expériences et rencontres (cercle familial, amical, promotion d'école, expériences professionnelles, événements divers…). Votre réseau va également évoluer à mesure que vous grandissez en tant que freelance. C'est donc un excellent canal d'acquisition pour pérenniser votre activité.
2. **La prospection :** vous avez le contrôle sur les opportunités clients que vous générez. Si vous prospectez intelligemment, vous aurez des résultats proportionnels à votre investissement. Dans ce deuxième modèle, à chaque nouvelle action de prospection, vous êtes obligé d'y passer du temps. Vos actions

de prospection n'ont pas des effets illimités. Il faudra à chaque nouveau prospect déployer un nouvel effort.

3. **La création de contenus :** ce dernier modèle vous permet de construire un actif stable au fil des années. À mesure que vous créez du contenu, cette base de connaissances reste accessible à n'importe qui sur Internet. Si votre contenu est de qualité et différent de ce qui existe déjà, vous avez l'opportunité d'intéresser de nouveaux prospects, sans efforts supplémentaires de votre part.

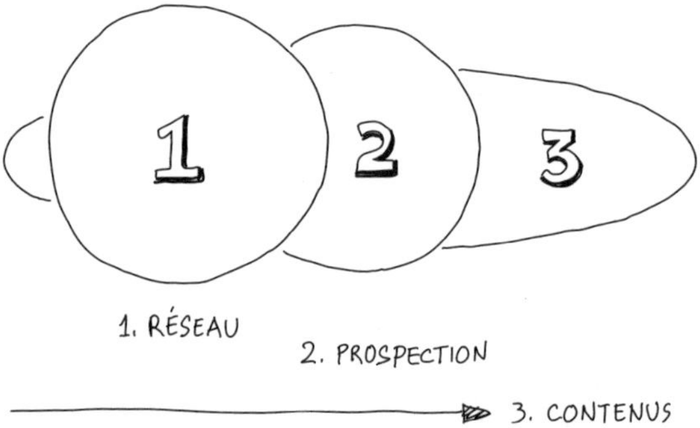

LES 3 MODÈLES POUR TROUVER DES CLIENTS

La création de contenus est indispensable aujourd'hui, ce n'est pas moi qui vous dirai le contraire. Je ne pense pas qu'il faille tout miser là-dessus au démarrage, mais y investir une partie de son temps afin de créer du contenu régulièrement est la meilleure stratégie à suivre.

Lorsque je me suis lancé, je ne voulais pas attendre un an avant de me verser un revenu équivalent à ce que je gagnais en CDI. L'avantage du freelancing est qu'il permet d'avoir une structure de coût légère et donc de générer des revenus dès le premier mois. Mais si j'avais tout misé dès le démarrage sur la création de contenus, je n'aurais pas pu signer mes premiers clients dès mon lancement. C'est pour cela que je me suis concentré sur la première marche : **mon réseau**. Et j'ai commencé à m'intéresser à ces trois modèles.

Modèle n° 1 : s'appuyer sur son réseau

Utiliser son réseau pour démarrer ses premières missions est ce qu'il y a de plus simple et accessible. Les retours sont rapides et vous n'avez pas besoin de construire une machine complexe de prospection. En revanche, il faut être conscient que cette stratégie n'est pas illimitée, du moins au début. Votre réseau a un périmètre défini.

Pour vous aider à y voir plus clair, j'aimerais vous parler d'une matrice[1] partagée par Rémi Rivas à mes débuts. Je n'ai à ce jour pas trouvé de meilleures stratégies, à la fois efficace et simple, pour cartographier son réseau.

Étape n° 1 : auditer votre réseau

Dans un premier temps, vous allez dresser la liste des personnes que vous connaissez. Je vous conseille de regrouper toutes vos sources en un seul et même endroit :

- Exporter vos contacts LinkedIn.
- Exporter les contacts de vos groupes WhatsApp.
- Définir avec qui vous échangez le plus sur Facebook, LinkedIn, Twitter, Instagram.
- Lister toutes les personnes avec qui vous avez eu l'occasion de travailler.
- Répertorier tous les échanges que vous avez eus pour construire votre offre (chapitre 7).

Étape n° 2 : évaluer votre réseau

Vous allez maintenant trier vos contacts selon deux critères :

1. **La proximité :** à quel point vous sentez-vous proche de ces personnes ?
   Chacun de vos contacts reçoit un indice de 1 à 10 selon votre degré de proximité. 1 étant la situation où la personne ne

1. https://bit.ly/matrice-freelance

vous connaît absolument pas et 10 le niveau sur lequel vous placeriez votre mère ou votre sœur.

2. **Le pouvoir :** à quel point ces personnes sont-elles décisionnaires sur vos sujets ?
   C'est là que le travail sur votre offre et votre positionnement est important. Vous connaissez votre cible idéale et les différentes offres que vous souhaitez tester. Maintenant, dans votre réseau, qui sera susceptible de vous positionner dans son entreprise ? Notez de 1 à 10 chacun de vos contacts selon ces deux critères.

Contact	Proximité	Pouvoir
Claude	10	3
Killian	8	6
Gregory	6	4
Stanislas	7	5
Pauline	3	9
Margaux	2	3
Alban	9	9

TABLEAU D'ÉVALUATION DU RÉSEAU

Si vous n'aimez pas les tableaux froids et austères, vous pouvez transposer toutes ces données sous la forme d'une matrice :

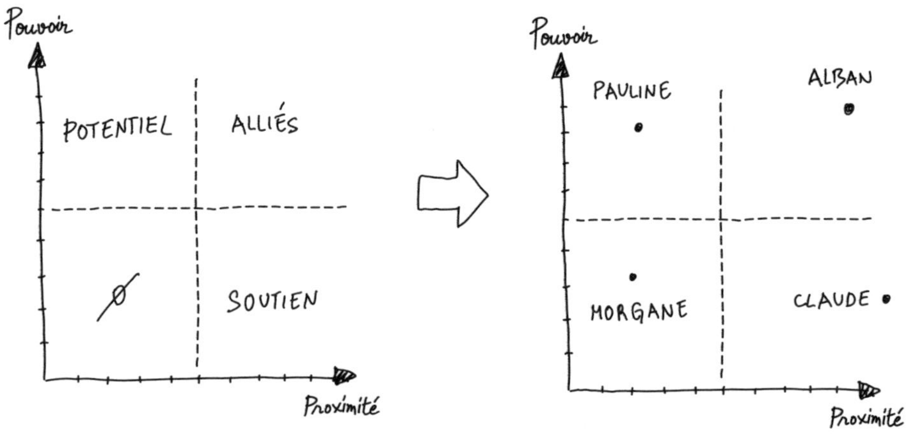

MATRICE 2P (POUVOIR/PROXIMITÉ)

Vos contacts sont maintenant classés en quatre catégories distinctes. Trois d'entre elles nous intéressent, par ordre de priorité :

- **Les alliés :** vous avez développé une proximité avec ces personnes-là, et en plus, elles ont un pouvoir de décision dans des entreprises pour lesquelles vous avez identifié des problématiques intéressantes. Ces alliés sont à contacter en priorité.
- **Les soutiens :** les soutiens sont stratégiques pour la suite de votre aventure. Vous avez noué des liens plus ou moins proches avec ces personnes. Malheureusement, elles n'ont pas toujours de poids dans les décisions de l'entreprise sur vos sujets de prédilection. En revanche, elles seront capables de vous mettre en relation avec les bonnes personnes… Vous voyez où je veux en venir, n'est-ce pas ?
- **Les potentiels :** l'enjeu est de taille puisqu'il faudra créer plus de proximité à terme, *via* du contenu par exemple. Toutes ces personnes ont un pouvoir de décision important, mais vous n'êtes pas suffisamment proche d'elles aujourd'hui.

Une grande partie de votre réussite en freelance dépendra aussi de la qualité de votre relationnel et votre capacité à développer intelligemment votre réseau avec le temps. On ne pense pas toujours à ça lorsqu'on se lance, et pourtant, c'est l'une des clés de réussite des freelances que j'ai côtoyés. Et si vous repensez à la liste de mes clients sur ma première année[1], près de 60 % des missions provenaient d'une mise en relation (ou de mon réseau).

Modèle n° 2 : s'attaquer à la prospection

Comment obtenir systématiquement une réponse

On imagine souvent que les choses vont se dérouler dans cet ordre :

1. Vous quittez votre job pour vous lancer en freelance.
2. Vous travaillez d'arrache-pied sur votre offre et votre positionnement.
3. Vous passez plusieurs semaines à construire votre site Internet.
4. Vous vous installez confortablement à votre bureau en rafraîchissant toutes les heures votre compte LinkedIn et votre boîte e-mail en espérant y trouver une demande de mission.

En réalité, personne ne pense à vous naturellement. Si vous n'êtes pas proactif, les gens vous oublient. Or, personne ne vous reprochera de donner des nouvelles, d'envoyer un e-mail aux alumnis de votre école ou à vos copains installés dans leur entreprise depuis quelques années. Je suis confronté au même sujet avec le podcast Tribu Indé. Lorsque j'ai démarré, personne ne m'a envoyé un seul e-mail pour me dire : « Salut, je peux passer dans ton podcast ? »

À l'époque, les quelques épisodes ne suffisaient pas encore à attirer des demandes entrantes. Chaque semaine, j'allais contacter les nouveaux invités. Et à chaque fois, je me posais ces trois mêmes questions :

1. Cf. page 54.

- Une personne de mon réseau peut-elle me faire une introduction ?
- Quel canal est le plus adapté pour obtenir une réponse de sa part ?
- Comment lui donner confiance dès mon premier contact ?

C'est à partir de là que j'ai ensuite construit mon mini plan d'action. Pour entrer en contact avec mes clients, c'est exactement la même démarche. Les gens n'ont pas de temps à vous accorder. Vous ne vous connaissez pas, et vous avez chacun des choses plus intéressantes à faire, sauf si… vous réussissez à piquer leur curiosité ! Et c'est là que la prospection devient intéressante. Le but du jeu est de trouver un angle différent et nouveau pour engager un début de conversation.

Par exemple, j'ai utilisé plusieurs fois les messages vocaux sur Instagram pour parler du podcast et proposer un premier échange. Mon discours doit être un minimum réfléchi, car je n'ai que 60 secondes pour intéresser mon invité. J'ai également testé l'envoi de vidéos par e-mail où je parle face caméra pour me présenter, présenter Tribu Indé et inciter à vouloir en savoir plus sur le podcast. Et si vous n'êtes pas à l'aise sur des prises de paroles comme celles que je viens de vous citer, la prospection écrite est toujours aussi efficace. Lorsque vous démarchez par e-mail ou par message LinkedIn, pensez à vous démarquer avec une approche différente :

- Privilégiez un ton simple et direct – oubliez les grandes formules de politesse qui rajoute de la lourdeur à votre démarche.
- Réfléchissez à la manière de capter l'attention de votre interlocuteur – la dernière actualité de son entreprise, sa dernière publication sur LinkedIn…
- Faites court et concis – vous n'êtes pas en train de lui vendre vos services. L'objectif est d'enclencher la conversation.

À ce stade, vous avez une idée plus claire de votre cible. Vous connaissez les interlocuteurs à privilégier. Maintenant, posez-vous la question sur la manière de les contacter pour ne pas passer inaperçu (quel canal, quel message).

> À leurs débuts, Adrien, Lucas et l'équipe du collectif de freelances Mozza (UX/UI Design et Product) se sont concentrés sur les applications mobiles à destination des consommateurs (B2C). L'une de leurs prestations consistait à améliorer le parcours utilisateur dès le téléchargement de l'application, jusqu'à son utilisation quotidienne. Plusieurs fois par semaine, ils ont eu l'idée de télécharger des applications mobiles et d'enregistrer toute la découverte de l'application. Ils commentaient en direct ce qu'ils comprenaient et ce qui pouvait être amélioré. La vidéo était ensuite envoyée aux différentes entreprises pour engager la discussion et collaborer éventuellement ensemble.

Quelle que soit votre stratégie, gardez en tête cette structure dans votre prise de contact :

- **Attirez son attention avec une note personnelle :** dites-lui ce que vous appréciez dans son travail par exemple, en citant la source pour montrer que vous avez pris le temps de construire votre approche.
- **Apportez une information intéressante pour son business :** c'est le moment de lui apporter de la valeur avec quelques réflexions intéressantes qui pourront lui faire penser que vous êtes différent des dizaines de propositions qu'il reçoit chaque semaine.
- **Soulignez le bénéfice d'un nouvel échange :** vous pouvez jouer sur vos références et votre crédibilité pour appuyer la valeur de ce que vous allez lui apporter.
- **Terminez par un appel à l'action le plus simple possible :** votre prospect doit pouvoir répondre en 2-3 mots (oui/non/discutons-en) pour éviter d'avoir à réfléchir trop longtemps sur sa réponse.

Décrocher tous vos rendez-vous grâce au principe de cohérence

En 1983, dans l'Essex, Vincent est un vendeur d'une vingtaine d'années, à la tête d'une petite entreprise de vente de double vitrage. Les marges de ses produits sont indécentes. Alors lui et sa petite équipe de vendeurs n'ont qu'un seul mot d'ordre : user de tous les stratagèmes pour assurer des ventes auprès des clients potentiels. Cette histoire, c'est celle de la série anglaise *White Gold*, où l'on suit Vincent et ses commerciaux prêts à tout pour soutirer de l'argent à des personnes âgées. Tous les ingrédients et les clichés des commerciaux sont réunis : menace, manipulation, commerciaux prêts à vendre leur mère pour signer une vente, voitures de sports et jolies filles. Tout y est ! Bien sûr, nous sommes très loin des commerciaux d'aujourd'hui (du moins je l'espère). Un jour, Vincent se rend chez une vieille dame pour essayer de lui revendre ses fenêtres aux finitions impeccables, mais à la qualité plus que douteuse. Il utilise alors un stratagème que je trouve très intéressant : le principe de cohérence (ou le pied dans la porte).

Vous savez très bien ce que c'est, pour l'avoir probablement déjà vécu. Vous vous êtes déjà fait arrêter par des gens avec des T-shirts colorés à l'effigie d'une association ? Leur approche est bien rodée, avec toujours la même question pour engager la discussion. « Bonjour Monsieur/Madame, est-ce que vous auriez deux minutes à m'accorder ? » Votre réponse ne vous engage pas plus que cela. Au pire, vous passez les deux prochaines minutes à écouter leur discours marketing. Et c'est ici que ça devient intéressant. Vous voulez rester cohérent avec votre réponse précédente. Et donc vous allez écouter attentivement leurs discours marketing. D'expérience, c'est toujours plus difficile de mettre fin à la conversation une fois que vous vous êtes arrêté pour répondre à leur première question. C'est tout le principe de cohérence : commencer par un engagement minimal, puis augmenter progressivement l'investissement de son interlocuteur. C'est exactement ce que fait Vincent auprès de cette vieille dame, il lui offre quelques échantillons avant de s'installer dans son salon, de prendre quelques mesures, de lui faire quelques recommandations sur ses fenêtres actuelles et puis d'engager un début de vente.

> Côté freelance, Danilo Duchesnes l'a bien compris (et ça fonctionne très bien !). En 2018, il se lance comme consultant en Facebook Ads et pour intéresser un maximum de prospects, il propose de leur envoyer un audit complet et gratuit de leur compte publicitaire Facebook. Ce document de plusieurs pages comprend plus d'une vingtaine de points, avec quelques recommandations stratégiques. Dans un cas comme celui-ci, j'y vois de nombreux bénéfices :
>
> - Danilo propose un document de valeur pour ses clients, gratuitement ;
> - Le client n'a pas à réfléchir longtemps pour accepter cette proposition ;
> - Danilo engage le client dans un processus d'avant-vente, tout en lui permettant de juger de la qualité de son travail.
> - Le client peut difficilement refuser un premier mois d'essai pour laisser une chance à Danilo de prouver sa valeur.

Ce cas n'est pas isolé et peut se répliquer très facilement pour de très nombreux métiers digitaux. Un *community manager* spécialisé sur Instagram pourrait proposer un mini-audit structuré des comptes Instagram de ses clients cibles. Une illustratrice pourrait analyser l'univers graphique de ses clients cibles pour proposer quelques recommandations rapides avant d'engager des discussions plus poussées. Un développeur Web pourrait proposer une courte synthèse technique du site Internet de ses prospects pour en faire un angle d'attaque lors d'un premier contact. Et je pourrais poursuivre cette réflexion à l'infini.

Modèle n° 3 : créer du contenu en visant le long terme

Ce troisième modèle est peut-être le plus difficile à exécuter parce qu'il prend beaucoup de temps, sans toujours pouvoir récolter immédiatement les résultats. Lorsque vous prospectez, les retours sont binaires, vous avez ou non un retour à votre e-mail. Mais lorsque vous créez un contenu pour la première fois, les retours ne sont pas toujours immédiats.

Un prospect découvre l'un de vos contenus suite à une publication sur le réseau LinkedIn.

↳ Il profite d'une pause dans son travail pour lire votre article.

↳ Il le partage éventuellement en interne, et cela s'arrête là.

↳ Six mois plus tard, il tombe de nouveau sur un de vos contenus.

↳ Et justement, il travaille aujourd'hui sur un projet pour lequel vous pourriez l'aider.

↳ Il vous contacte pour échanger avec vous.

Ce modèle est incroyablement puissant pour trouver des clients puisqu'une seule action (un article ou une publication sur LinkedIn, par exemple) peut vous rapporter plusieurs clients. Mais il est aussi plus complexe à maîtriser. C'est pourquoi j'ai décidé d'y consacrer les deux prochains chapitres.

POINT D'ÉTAPE

Dans 99 % des cas, votre client fait appel à vous pour trois raisons :

- Il n'a ni les compétences ni la méthode pour résoudre son problème (expertise).
- Il pense savoir quoi faire, mais préfère gagner du temps grâce à vous (temps).
- Il veut réduire le risque d'échouer en cherchant une méthode qui fonctionne (modèle).

Bien sûr, ces trois raisons peuvent très bien être conjointes. Mais selon votre niveau sur l'échelle du freelancing (5 niveaux), vous ne répondrez pas aux mêmes besoins et les clients ne feront pas appel à vous pour les mêmes raisons. Pour aller chercher vos clients, il n'y a pas de secret, seulement du temps et du travail. Je vous ai présenté les trois grands modèles :

1. s'appuyer sur son réseau,
2. s'attaquer à la prospection,
3. créer du contenu en visant le long terme.

Bien sûr, pour chacun de ces modèles, vous pouvez utiliser toutes les tactiques possibles. J'ai partagé avec vous l'essentiel afin que vous puissiez passer à l'action dès aujourd'hui, avec des outils très simples comme la matrice 2P (Pouvoir/Proximité).

Mon dernier conseil : ne misez pas tout sur la création de contenus dès votre lancement. Prenez le temps d'identifier les forces de votre réseau, puis démarrez la prospection pour signer rapidement vos premières missions, prendre confiance et voir à plus long terme ensuite.

CHAPITRE 10

Devenir son propre média (sans en faire trop)

D'un point de vue académique, votre marque représente l'image de votre service (ou de votre produit). McDonald's est une marque forte, que tout le monde connaît. Lorsque vous rentrez dans un de leurs restaurants, vous savez exactement à quoi vous en tenir. Leurs frites ont le même goût dans le monde entier et la plupart des menus ne changent pas d'un pays à l'autre. Même si la qualité de leur produit est discutable, leur marque est puissante et reconnue.

Maintenant, si vous recherchez les meilleurs clubs de golf pour vous amuser le dimanche après-midi et que vous avez un peu d'argent à dépenser, vous irez regarder du côté de Katsuhiro Miura. Ce japonais a dédié sa vie à créer les meilleurs clubs de golf possible. Leurs designs ne suivent aucune tendance. Cette marque est une référence dans le monde du golf, au point que certaines marques grand public leur commandent du matériel en marque blanche. Et pour avoir une chance de recevoir ces clubs de golf, il vous faudra patienter plusieurs semaines.

Ces deux marques n'ont rien à voir avec le freelancing, et pourtant elles illustrent parfaitement mon premier point : votre marque incarne votre vision, votre univers et ce que vous voulez transmettre. En s'éloignant de la vision académique d'une marque, je vous propose une vision plus pragmatique. Vous n'aurez peut-être pas le même jugement que moi sur McDonald's. Nous percevons chacun le monde différemment, tout comme les marques et les services que nous utilisons au quotidien. Jeff Bezos, le fondateur d'Amazon, l'a très bien résumé : « Votre marque est ce que les gens disent de vous lorsque vous n'êtes pas dans la pièce. »

Si on le formule différemment, votre marque n'est pas ce que vous en dites, mais ce que les gens perçoivent et comprennent de vous. La compréhension est tout aussi importante que la perception. C'est très bien de se faire une idée d'une marque, mais c'est encore mieux de comprendre le(s) message(s) qu'elle souhaite faire passer. Lorsque je vous ai parlé de Miura, j'ai parlé de « référence », de « meilleurs clubs » et de « designs qui ne suivent aucune tendance ». Je vais vous faire une confession : je n'ai jamais tenu un club de golf de cette marque dans les mains. Et pourtant, je me suis fait une idée du positionnement de Miura sur le marché du golf.

Aujourd'hui, plus que jamais, vous devez contrôler la perception qu'auront les gens de votre marque (et donc de vos services). Créer et incarner sa marque n'est plus une option. Aujourd'hui, vous avez déjà une présence sur Internet, d'une manière ou d'une autre. Maintenant, vous allez comprendre les principes d'une marque forte pour les appliquer à votre propre activité.

Se créer sa propre identité sur Internet

À l'ère d'Internet, nous sommes des produits. Les influenceurs d'aujourd'hui en sont de bons exemples. Ils se mettent quotidiennement en scène pour vous faire plonger dans leur univers. Ils ont un positionnement marketing clair, s'adressent à des cibles bien précises selon leurs personnalités et vous proposent tous des offres (affiliation, produits dérivés, services…). Dans l'écosystème B2B (des entreprises vendent à d'autres entreprises), le marketing d'influence est aussi une réalité. Vous pouvez très bien être un freelance et leader d'opinion en même temps. Cette influence permet aussi de vous démarquer des autres indépendants, en incarnant un statut que d'autres n'auront pas. Et certains clients se rassurent aussi en collaborant avec des personnalités qui font entendre leur voix, incarnent leur marque et deviennent leur propre média.

Aujourd'hui, nous sommes nos propres produits, que cela soit en notre nom ou en celui d'une marque. Il y a 20 ans, si vous vouliez faire de la publicité ou parler de vous, il fallait dépenser des milliers (voire centaines de milliers) de francs pour vous payer les services d'une bonne agence de communication. Aujourd'hui, vous pouvez créer votre propre site Internet facilement, ouvrir un compte sur vos réseaux sociaux et dépenser quelques dizaines d'euros en publicité pour faire parler de vos services. Nous avons maintenant la possibilité de contrôler notre marque et de partager ce que l'on souhaite pour créer une nouvelle relation avec notre audience.

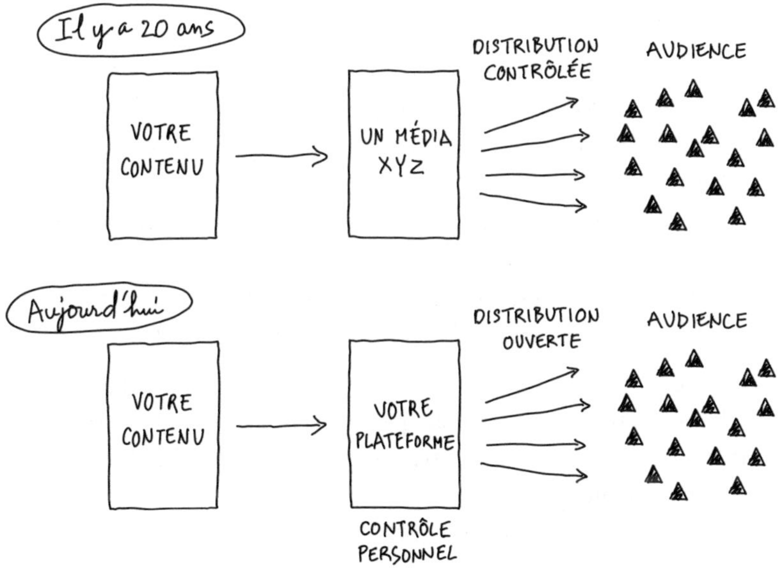

LES CRÉATEURS PRENNENT LE POUVOIR SUR LES MÉDIAS

Construire sa marque et devenir un média, ça ne veut pas dire agir comme des aventuriers de téléréalité où l'on prend la parole pour chaque micro-action de notre quotidien. C'est à vous de fixer les limites entre votre espace personnel, ce que vous souhaitez dévoiler et le canal approprié. Votre client connaît les facettes de votre personnalité que vous souhaitez partager. Vous avez donc le contrôle sur votre marque et sur ce que vous voulez incarner.

Construire un actif pour générer des opportunités à l'infini

Nous sommes bombardés d'informations dès le réveil, lorsque nous allumons notre téléphone. L'attention des gens est un gâteau dont tout le monde essaie de récupérer une petite part. Et je vous conseille d'en prendre une. Nous en avons déjà parlé tout au long de ce livre, mais la plupart des freelances ont des difficultés à vivre de leur activité et à convaincre leur client pour deux raisons :

- **On ne vous connaît pas.** Vos clients ne savent pas que vous êtes capable de les accompagner. Ils n'ont aucune information sur vous, votre parcours, vos compétences ou vos expériences passées.
- **On ne vous fait pas confiance.** Puisque vos prospects ne trouvent aucune porte d'entrée vers votre univers, vous ne leur donnez pas confiance. Pourquoi prendraient-ils le risque de travailler avec vous, sans connaître votre valeur ?

En devenant votre propre média, vous répondez justement à ces deux problèmes. J'aime bien répéter que votre marque (et vos contenus) sont des actifs pour toute votre vie. Certains vont investir dans la pierre pour avoir quelque chose qui ne bougera pas physiquement. En tant que freelance, vous investissez dans votre marque pour créer des actifs immatériels sur Internet.

Quand on analyse les médias qui nous entourent, on observe trois grands points communs :

1. Ils se positionnent sur un sujet (ou une thématique) précis.
2. Ils consacrent du temps à la création de contenus.
3. Ils créent le rendez-vous en étant réguliers.

> Nicolas Cole est un auteur de référence. Il a déjà publié deux livres, mais surtout, sa présence en ligne est remarquable. Ses réponses sur le forum public Quora ont été vues plus de 26 millions de fois.
>
> Nicolas commence à construire sa réputation alors qu'il n'a même pas 18 ans. À cette époque, c'est l'un des meilleurs joueurs de World of Warcraft[1], un jeu vidéo en ligne où vous incarnez un personnage que vous faites évoluer dans un univers imaginaire. Il est addicte aux jeux vidéo mais trouve le temps de développer un forum pour les joueurs de ce jeu. Quand il cherche un job étudiant, il envoie alors un e-mail à l'un des plus gros médias gaming de l'époque. 20 minutes plus tard, il signait son contrat étudiant. Le recruteur était un fan absolu de son forum. Nicolas Cole n'avait plus besoin de le convaincre, on le connaissait déjà, et on pouvait lui faire confiance.

Imaginez maintenant le potentiel pour votre propre activité si votre interlocuteur vous connaît déjà grâce à votre marque personnelle. Mais ce bénéfice a un coût. Bâtir une marque personnelle forte demande un investissement important. Par exemple Nicolas Cole n'a pas simplement créé un forum. Il l'a enrichi jour après jour, a partagé ses publications, s'est créé un réseau et a développé ce petit univers. Le retour sur investissement est difficilement mesurable et dépend de nombreux facteurs que je détaillerai dans le chapitre suivant. C'est une bonne et mauvaise nouvelle à la fois… Vous allez peut-être passer des dizaines d'heures à poser les premières briques

1. Je vous conseille la lecture de son livre autobiographique *Confessions of a Teenage Gamer*, Nicolas Cole éditions, 2016.

de votre marque, sans aucun retour positif de vos clients cibles. Et je sais que cela peut très vite être décourageant. D'ailleurs, beaucoup d'indépendants jetteront l'éponge au bout de quelques mois. Mais de l'autre côté, puisqu'on ne connaît jamais précisément le résultat de cet investissement, vous pourriez être surpris des retombées.

Lorsque j'ai lancé Tribu Indé en 2019, jamais je n'aurais cru qu'un éditeur comme Eyrolles viendrait me proposer d'écrire ce livre. Je n'aurais pas pu le prévoir sur un laps de temps aussi réduit. Mon éditeur a considéré que sur le sujet du freelancing en France, j'étais un candidat suffisamment sérieux (en raison de ma marque personnelle) pour me faire confiance. Pour le résultat, c'est à vous d'en juger. Comme le prix de vos prestations, la valeur perçue se retrouve aussi dans l'impact que votre marque aura auprès de vos clients.

Faut-il choisir un nom de marque ?

Faut-il communiquer en son nom ou choisir un nom de marque ? C'est une question récurrente que de nombreux freelances se posent. Et je dois vous dire que je me la suis longtemps posée. Avec le temps, j'ai compris qu'il n'y avait pas de bonne réponse à cette question. Et le fond du sujet n'est même pas là. La réflexion est plus profonde. Nous cherchons à catégoriser notre réponse. D'un côté, je parle en mon nom en tant qu'être humain. J'humanise la relation avec mes clients. Ils savent qui je suis et je ne me cache pas derrière une marque fictive. De l'autre, je suis vu comme un professionnel avec les codes d'une marque plus traditionnelle. « C'est plus sérieux. » Les personnes attachées aux contenus et à l'histoire de Tribu Indé se sentiraient-elles plus proches de moi si j'utilisais mon nom ? Je ne pense pas.

Je sais qu'il est souvent difficile de trancher cette question. Aujourd'hui, Tribu Indé m'a permis de créer un écosystème autour des thématiques freelances. Pour le moment, mon activité de freelance n'est pas rattachée à cette marque. J'accompagne des entreprises B2B dans l'amélioration des conversions sur leur site Internet grâce au copywriting (écrire pour vendre). Cela n'a donc rien à voir avec Tribu Indé et le contenu que je propose aux indépendants. Je continue de communiquer en mon nom, sur LinkedIn ou Twitter par exemple. Mais la plupart des personnes qui me contactent aujourd'hui connaissent Tribu Indé et inversement. Quand je me suis lancé, Tribu Indé n'existait pas. Depuis, mes objectifs et ma vision pour les prochaines années ont évolué. Par exemple, je n'exclus pas de poursuivre demain l'aventure à plusieurs sur Tribu Indé. Cette marque m'offre donc plus de flexibilité sur le développement du projet. Si je recrute de nouvelles personnes, elles travailleront pour le projet Tribu Indé, et non pas pour Alexis Minchella. Chacun peut s'approprier le projet sans que ma marque personnelle ne prenne toute la place. Quel que soit votre projet (rester seul ou travailler à plusieurs), la marque personnelle reste un aspect fondamental de votre activité à développer. Elle vous permet de simplifier votre communication et votre positionnement. Vous évitez les questions répétitives ou les incompréhensions. *Via* la marque personnelle, vous êtes le porte-parole… de votre propre parole, quels que soient la plateforme et le type de contenus.

> Alix Leroy est directrice artistique et consultante en communication depuis plusieurs années[1]. Les quatre premières années, elle communiquait en son nom. Cela ne l'a jamais empêché de se développer, tester différentes approches et travailler avec des clients variés. Elle a ensuite décidé de créer son propre studio : le studio Hörtie, pour (1) élargir son périmètre d'action et (2) pouvoir travailler facilement avec d'autres indépendants en communiquant sous un nom de marque commun. Il n'y a aucune règle et ce que vous décidez de faire aujourd'hui pourra très bien évoluer demain. Cette question ne devrait pas être une excuse pour ne pas réfléchir à l'importance de devenir son propre média.

1. Pour découvrir le parcours d'Alix et son évolution en tant qu'indépendante, je vous invite à écouter l'épisode 37 du podcast Tribu Indé : https://tribuinde.com/podcast-alix-leroy/

Les 4 principes d'une marque personnelle puissante

Aucune marque ne s'est construite en un claquement de doigts. Ce ne sera donc pas le cas pour vous non plus. Chaque mois, je passe plusieurs heures à analyser et comprendre les pratiques de certains créateurs. Ce travail m'a aidé à identifier les ingrédients d'une bonne marque personnelle. Encore une fois, je ne vous parlerai pas des tactiques de publications et du fonctionnement des algorithmes sur les réseaux sociaux. Au contraire, je préfère vous dévoiler les principes qui vous permettront de réfléchir en profondeur et sur le long terme à votre marque personnelle.

Les indépendants et les créateurs avec une marque personnelle forte partagent ces quatre principes. Et ce combo n'a qu'un seul objectif quand vous êtes freelance : avoir le choix de vos clients.

- **Principe n° 1 :** une expertise qui se retrouve dans leur communication
- **Principe n° 2 :** une expérience qu'ils partagent sans artifice
- **Principe n° 3 :** un choix de thématiques restreint
- **Principe n° 4 :** un point de vue cohérent partagé avec régularité

Voici le cercle vertueux que j'observe aujourd'hui pour mon activité. Mais cette roue a mis du temps à se construire. C'est pour cette raison que je ne vous ai pas parlé du contenu comme la première marche pour signer vos premiers clients. Il existe des manières plus rapides pour commencer à générer vos premiers revenus. Mais puisque l'investissement est « long-termiste », investissez-y du temps dès le début sans en attendre de retours immédiats.

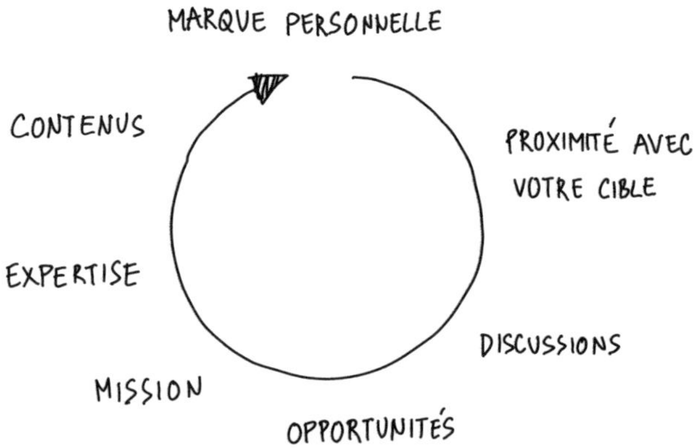

LE CERCLE VERTUEUX D'UNE MARQUE PERSONNELLE

Pour générer des opportunités grâce à votre marque personnelle (et *in fine* vos contenus), vous n'avez pas besoin d'aller chercher une grosse audience. La qualité prime sur la quantité : vous avez simplement besoin d'une audience qualifiée. Le travail sur votre positionnement vous a permis d'en savoir plus sur vos clients, leurs habitudes et leur niveau de maturité sur vos thématiques. Puisque vous ne vous adressez pas à tout le monde, votre marque personnelle n'a pas à s'adresser à la terre entière. Fini le temps où il fallait faire partie des personnalités à suivre dans le magazine *Challenges*, passer sur BFM TV ou payer très cher une tribune dans un magazine. Corentin Houssein a le même âge que moi. Il est plus connu sous son pseudonyme Gotaga. C'est un joueur professionnel de jeux vidéo et il est aussi l'un des plus gros streamers français. À 27 ans, il a construit un petit empire dans le monde de l'e-sport, où tout lui réussit. C'est une star de série Z, totalement inconnue pour la grande majorité des Français. L'objectif n'est pas d'être connu de tous, mais reconnu par votre cible !

Si l'on reprend nos quatre principes, ils sont à l'origine d'une marque personnelle puissante. Et surtout, ils sont à la base de la création de votre écosystème, ce que j'appelle le « Capital Social ».

Capital Social : apprendre à maîtriser son environnement professionnel

Avant de vous parler de contenus, de formats et de valeurs, retrouvons une vue d'ensemble de son environnement professionnel. Selon Wikipédia, le Capital Social, au sens sociologique, « regroupe l'ensemble des ressources provenant d'un réseau de relations, que peuvent mobiliser des individus ou des familles ». Cette notion est intéressante à comprendre pour deux raisons. Elle permet :

1. d'identifier les stratégies à adopter pour vous insérer dans un écosystème existant ;
2. de comprendre votre positionnement pour valoriser vos connaissances en tant qu'individu (dans ce réseau).

Le Capital Social devient alors l'équation suivante :

Capital Social = Audience × Ressources intemporelles

Prenons l'exemple de Tribu Indé. L'audience principale du podcast reste des jeunes freelances entre 0 et 2 ans d'activité (lancement, structuration, développement). Pour regrouper cette audience, j'ai créé plusieurs assets (actifs) depuis plus de 2 ans maintenant. Le podcast, la newsletter, un mini-cours pour les freelances, des rencontres physiques, des conférences, un groupe Facebook et puis le livre que vous tenez entre vos mains. L'écosystème ressemble à la figure suivante.

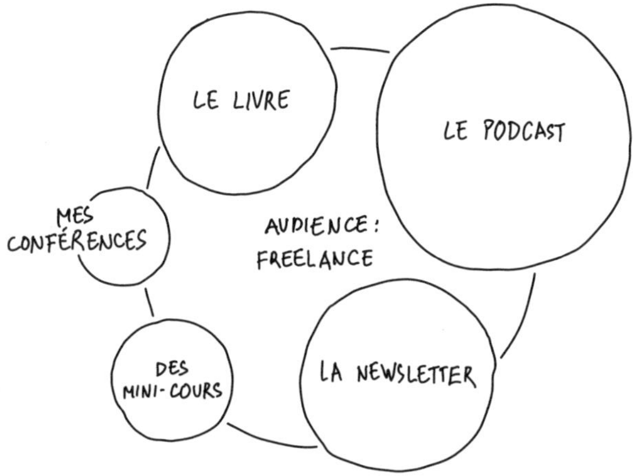

MODÉLISER SON MINI-ÉCOSYSTÈME

L'audience est au centre et chaque ressource intemporelle vient se connecter avec une partie des freelances. Chaque pilier n'a pas les mêmes objectifs ni le même poids dans l'écosystème Tribu Indé. En mars 2019, j'ai démarré un podcast pour donner enfin la parole aux freelances que l'on n'entend jamais dans les podcasts business. Depuis, j'ai ajouté progressivement d'autres ressources pour connecter avec les auditeurs du podcast… et aussi toucher de nouveaux freelances qui pourraient se retrouver dans le positionnement de Tribu Indé, mais qui n'écoutent pas de podcasts. Et vous allez voir que les objectifs rejoignent l'idée du Capital Social.

- La communauté Tribu Indé grandit et les freelances se connectent entre eux *(point n° 1 du Capital Social).*
- Les ressources se multiplient, je continue de valoriser mes connaissances et celles des autres freelances et le modèle devient rentable *(point n° 2 du Capital Social).*

Et c'est exactement le même raisonnement pour n'importe quel freelance qui souhaite développer sa marque personnelle. Vous ne partez pas de vos envies et de vos croyances. À la place, vous inversez votre processus de réflexion pour partir de vos clients cibles.

S'INFILTRER CHEZ SES CLIENTS

Vous n'allez pas vous positionner sur ce que vos clients savent déjà. Au contraire, vous allez identifier ce qu'ils ont besoin d'apprendre pour résoudre leur problème et avancer dans leur propre aventure. Bien sûr, la difficulté n'est plus la même. La majorité des contenus et des prises de position sur Internet sont les mêmes. Ils répondent aux mêmes questionnements basiques, sans y amener une nouvelle approche basée sur leur véritable expertise et leur expérience (vous retrouvez deux éléments d'une bonne marque personnelle).

Créer une connexion émotionnelle avec sa cible

Votre réussite dépend aussi de la qualité de votre réseau et de son évolution dans le temps. C'est l'un des grands principes que j'évoquais déjà dans les premiers chapitres du livre. Construire son réseau, ce n'est pas seulement aller à des événements ennuyeux où votre seul objectif est de distribuer toutes vos cartes de visite en discutant avec n'importe qui. Un bon réseau ne se résume pas à la taille de votre carnet d'adresses, mais à la qualité des interactions que vous développez avec chaque personne. Et la majorité de mon réseau s'est construit en ligne. Aujourd'hui, je préfère passer 30 minutes à échanger avec une nouvelle personne et en apprendre plus sur elle, plutôt que de passer ce même temps à discuter avec 10 personnes lors d'un énième événement digital.

Votre marque personnelle est l'extension professionnelle de votre personnalité. Vous construisez votre univers pour créer une connexion émotionnelle avec vos prospects et vos clients. En développant cet actif, vous vous dévoilez en exposant une partie de vous. Sachez qu'il s'agit du meilleur moyen de créer les connexions les plus intéressantes (et stratégiques) pour vous. Vous intéressez ainsi des personnes qui connecteront avec votre vision du monde. Ils deviendront des alliés de choix pour vous recommander, parler de vous et vous introduire dans de nouveaux cercles.

Et le meilleur dans tout ça ? Vous avez une raison commune de vous connecter grâce à votre marque personnelle et à l'écosystème que vous aurez créé petit à petit. C'est une des clés pour développer son réseau intelligemment et progressivement. Au cours des deux dernières années, j'ai rencontré des personnes exceptionnelles, dont certaines sont devenues des amis. Et pour la plupart, nous nous sommes rencontrés grâce aux nombreux contenus que j'ai créés depuis des années maintenant. Petit à petit, la boule de neige grossit à mesure que le nombre de mes contenus se multiplie.

POINT D'ÉTAPE

Internet a permis de déconstruire la relation entre une marque et le client final. Aujourd'hui, n'importe qui peut prendre la parole sur ses réseaux sociaux pour partager son expérience, exprimer ses opinions ou donner son avis.

D'un point de vue business, vous ne pouvez plus passer à côté de cette idée de marque personnelle puisqu'elle existe, que vous le vouliez ou non. Souvenez-vous : « *Votre marque est ce que les gens disent de vous lorsque vous n'êtes pas dans la pièce.* »

Travailler sa marque et devenir un média est la solution pour répondre à deux grands problèmes qui touchent tous les indépendants au démarrage :

- On ne vous connaît pas.
- On ne vous fait pas confiance.

Vos contenus (et donc votre média) sont des actifs pour toute votre vie. Pour cela, repensez aux 4 principes d'une bonne marque personnelle :

1. Une expertise qui se retrouve dans leur communication
2. Une expérience qu'ils partagent sans artifice
3. Un choix de thématiques restreint
4. Un point de vue cohérent partagé avec régularité

Aujourd'hui, la création de contenus peut paraître simple. N'importe qui peut prendre la parole et dire ce qu'il veut. Mais le challenge n'est plus vraiment d'oser publier du contenu, car tout le monde peut le faire sans difficultés. Le plus difficile maintenant reste de créer du contenu de qualité. C'est l'ingrédient n° 1, avant même de parler de régularité, d'interactions ou de promotion. Beaucoup répètent l'importance de la qualité, mais peu partagent les méthodes pour produire ces contenus. J'y dédie le prochain chapitre.

CHAPITRE 11

Doper sa crédibilité grâce au contenu

La première partie du livre s'intitule « N'importe qui peut devenir freelance ». N'importe qui en a la capacité, mais tout le monde ne pourra pas vivre de son activité. En revanche, c'est évident, il y a aura de plus en plus de freelances dans les prochaines années. Cela signifie plus de concurrence pour vous. Alors pour continuer de sortir du lot, vous devrez continuer de travailler votre marque personnelle et votre écosystème grâce à la création de contenus. Votre différenciation viendra aussi de votre marketing. Sur le papier, la création de contenus est plutôt intéressante :

- vous attirez du trafic sur votre site grâce à vos contenus,
- vous développez une audience de potentiels clients,
- ces prospects vous contactent pour travailler avec vous,
- vous signez ces clients en capitalisant sur vos contenus existants.

Mais tout ça n'arrivera jamais du jour au lendemain. Il vous faudra du temps pour améliorer votre contenu, découvrir les types de contenus et de formats qui fonctionnent le mieux auprès de votre cible et gagner la confiance de vos futurs clients. Beaucoup d'indépendants misent sur le contenu dès le jour 1. C'est une bonne stratégie si vous commencez avant même de vous lancer. C'est par exemple ce que j'ai fait lorsque j'écrivais sur Medium et sur mon site personnel.

À l'époque, j'étais encore salarié. Je construisais mon futur écosystème sans prendre le moindre risque puisque je recevais un salaire tous les mois, quoi qu'il arrive. Vous investissez du temps aujourd'hui pour récolter des bénéfices (financiers, réseaux, clients) à plus long terme. Comment créer alors du contenu qui vous permette d'attirer vos clients et d'atteindre vos objectifs business sans parler de vos dernières vacances en famille ?

Sortir du lot dans cette marée d'information

Pendant longtemps, l'information était réservée aux privilégiés, à ceux qui avaient construit les bonnes connexions. Les médias avaient aussi les pleins pouvoirs pour distribuer cette information. Internet a, une fois de plus, cassé tous ces monopoles. Je suis pratiquement né avec Internet, je ne suis pas de cette génération où, pour avoir accès à des documents d'études, il fallait se rendre à la bibliothèque et consulter les archives. Lorsque mes parents devaient rendre des exposés ou des dissertations, Internet n'existait pas. Impossible de trouver une information en quelques secondes grâce à Google. Un consultant vendait son expertise, mais aussi l'accès à certaines informations dont les entreprises sont dépourvues.

Aujourd'hui, le problème s'est inversé. Nous sommes inondés d'information. Et il est de plus en plus difficile de faire la part des choses entre contenu de qualité et un copier-coller. Tout le monde y va de son contenu (et de son point de vue). Avec quelques recherches, votre client peut :

- Apprendre les bases du référencement naturel sur Google
- Apprendre les bases de la publicité Facebook
- Comprendre les points essentiels pour créer une identité graphique
- Savoir comment bien aménager ses bureaux

L'information ne suffit plus à vendre. Vos clients recherchent votre expérience, votre savoir-faire, mais aussi la rapidité d'exécution qu'ils devraient développer sur le long terme pour acquérir vos compétences. Le contenu est alors une porte d'entrée idéale pour commencer à faire parler de vous et augmenter votre jauge de crédibilité pour vos clients.

Une grande partie des contenus publiés par les médias traditionnels n'ont aucune saveur. Lorsque vous demandez à un journaliste de publier plusieurs articles en une journée, bien sûr qu'il lui est impossible d'aller chercher en profondeur des idées exceptionnelles. Il y a quelques mois, le magazine *Society* a publié une enquête sur l'affaire sordide de Xavier Dupont de Ligonnès. Les ventes du magazine ont atteint des records, et la sphère Twitter s'est même affolée des ruptures de stock dans les kiosques. Certains numéros se revendaient plus de 50 € sur Le Bon Coin pour un magazine qui ne coûte que 3,50 €. Derrière cette enquête, c'est presque quatre ans de travail pour construire un récit inédit qui creuse en profondeur dans les recoins les plus sombres de cette affaire. Un contenu exceptionnel que vous aurez pris le temps de construire pourrait largement dépasser vos objectifs.

Les contenus qui vous permettront de sortir du lot sont difficiles à produire. Vous devez aller plus loin que n'importe quel autre créateur, en « créant de la valeur » pour vos clients. Mais ça veut dire quoi, créer de la valeur ?

Comment créer de la valeur

Tout le monde nous explique qu'il faut créer un maximum de valeur pour nos clients et notre audience. Mais personne ne nous explique comment créer cette valeur. Avant de vouloir tester des tactiques pour chercher du trafic, créer des interactions et signer plus de clients en fin de tunnel, il faudrait se poser la question de ce qu'est un bon contenu. Ce serait presque le seul conseil de ce chapitre : créer du bon contenu est à la base de tout le reste. Mais si je vous laisse avec ça, je ne ferai pas mieux que tous les conseils que vous retrouverez sur Internet. Le bon contenu est à la base de la pyramide. Sans un contenu de qualité, vous aurez beau utiliser toutes les stratégies possibles pour attirer vos clients, ça ne marchera pas.

Or la valeur d'un contenu est un point de vue terriblement subjectif. Certains sont prêts à payer des centaines de milliers d'euros pour s'acheter la Lamborghini de leurs rêves, quand d'autres n'y verront aucune valeur. Certains de mes amis passent des dizaines d'heures à la salle de sport chaque semaine pour avoir de gros muscles, alors que je préfère passer ce temps-là derrière mon ordinateur. Vous mériterez votre statut (et donc votre crédibilité) au prix de longs efforts. Votre contenu peut devenir l'une des meilleures preuves de votre valeur au travail. Mais les seuls juges à prendre en compte sont vos (futurs) clients, et personne d'autre.

J'ai moi-même beaucoup jugé ce que je voyais passer sur Internet et les réseaux sociaux. J'étais souvent surpris par l'engagement de certains contenus que je trouvais d'une pauvreté incroyable. Entre des publications LinkedIn qui n'avaient aucun intérêt et des articles pour débutants, difficile d'y trouver de la valeur à mes yeux. Et pourtant, j'étais forcé de constater qu'un certain public appréciait ces contenus. Mais finalement, mon point de vue ne compte pas pour ces créateurs. Si les résultats sont là pour eux, et que leur cible y trouve un intérêt, alors leur contenu crée de la valeur. Le regard des autres est important et j'en sais quelque chose. Mais n'essayez pas toujours de plaire à tous vos copains indépendants et à votre famille par peur d'être jugé. Ne perdez pas l'objectif de départ : gagner votre statut pour augmenter votre crédibilité et signer plus de clients, en accord avec votre positionnement (que nous avons déjà abordé dans les chapitres 6 et 7).

La jauge de crédibilité expliquée

Lorsque j'ai lancé le podcast Tribu Indé, je voulais absolument créer quelque chose de différent. Ça ne m'intéressait pas de créer une pâle copie de ce qui existait déjà. Aucun podcast ne parlait de freelancing de cette manière. La plupart du temps, le freelancing était écarté des podcasts business. Un an et demi plus tard, le podcast cumulait plus de 200 000 écoutes. L'effet réseau a été plus que positif. J'ai lancé d'autres projets, développé mon réseau (clients comme partenaires), travaillé avec des clients exceptionnels. Et surtout, j'ai travaillé sur l'un des piliers du chapitre 3 : ma jauge de crédibilité.

> Valentin Decker construit son activité en freelance en parallèle de son projet entrepreneurial Longue Vue[1]. Nous avons fait la même école et il a commencé très tôt à écrire sur Internet. Sa crédibilité, il l'a justement construite grâce à ses contenus. Alors qu'il est encore étudiant, il réussit à trouver son premier job chez LiveMentor grâce à ses dizaines d'articles publiés sur Internet.
>
> Lorsqu'il se lance à son compte, il part déjà avec quelques bonus dans sa nouvelle aventure. Il s'est spécialisé dans la rédaction de contenus long format (articles, newsletter, page de vente...). Ses contenus précèdent n'importe quel discours commercial. Il a autopublié deux livres, écrit des centaines d'articles et ses contenus ont été vus plus de 100 000 fois.

Comment créer du contenu quand on n'a pas d'idées ?

C'est peut-être le plus gros blocage : avoir des idées pour alimenter notre création de contenus. Tous les indépendants avec quelques années d'expériences ont des carnets et des notes dans tous les sens, remplis d'idées, à ne plus savoir quoi en faire.

À l'inverse, lorsqu'on débute, on ne sait jamais par où commencer. Par exemple, on se met à chercher le positionnement parfait, en

1. Longue Vue c'est à la fois un club privé d'amateurs de lectures, mais aussi une box mensuelle pour recevoir une biographie inspirante chaque mois.

travaillant sur nos personas pendant des semaines, sans jamais tester ses hypothèses. On attend également de construire l'offre parfaite avant de se lancer. Pour la création de contenus, même schéma. On veut attendre d'avoir la bonne idée avant de s'y mettre. J'ai remarqué que les bonnes idées étaient souvent le résultat de deux paramètres :

- **La maîtrise de compétences :** si vous ne maîtrisez pas votre sujet, difficile de partager des contenus exceptionnels qui plairont à vos cibles (chapitre 2).
- **La compréhension et l'analyse de son environnement :** si vous ne savez pas qui sont vos clients, leurs problématiques et leur niveau de maturité, vous n'arriverez pas à positionner vos contenus (chapitre 7).

Je n'ai aucune chance de travailler dans l'aviation car je n'en maîtrise ni les codes ni les compétences (et je n'ai même jamais réussi à être bon sur Flight Simulator…). Si vous êtes sûr de vos compétences et de votre maîtrise, vous pouvez anticiper les blocages de vos clients et votre zone d'intervention (différence entre ce qu'ils connaissent et ce que vous savez faire). Maintenant, la compréhension et l'analyse de votre environnement ont tout autant d'importance. Vos meilleurs contenus viennent aussi de votre expérience personnelle et de votre vécu, pour que les gens puissent s'identifier et connecter avec ce que vous racontez.

Si vous n'avez pas d'idées sur le contenu à créer, c'est que vous ne cochez pas l'un de ces deux points. Généralement, il s'agit de votre marché cible. C'est pour cela que j'ai dédié tout un chapitre sur les stratégies pour mieux connaître ses clients. Ce sont eux qui vous donneront les réponses que vous recherchez, en les questionnant un peu. Vous affinerez vos idées de cette manière pour arriver, avec la pratique, à la bonne idée, celle qui fera toute la différence par rapport à ce qui existe déjà.

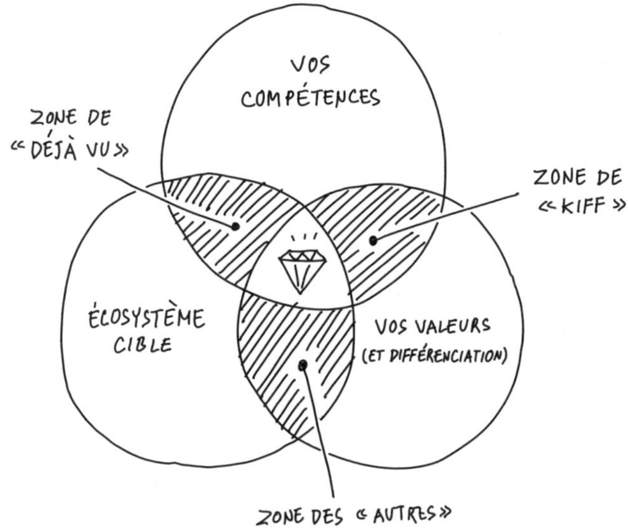

LE MIX DU CONTENU PARFAIT

Les 4 stratégies de contenus à utiliser

Yoda, c'est ce petit être vert de la saga *Star Wars*. Il est le plus sage de tous les maîtres Jedi et a formé les meilleurs d'entre eux. Il apprendra notamment à Luke Skywalker comment utiliser la force et manier le sabre laser. Leur relation coche tous les points d'un duo élève/mentor. Leur propre relation à travers les épisodes ressemble en tout point au voyage du héros. Le héros vit dans un monde ordinaire (*Luke Skywalker est le fil de fermiers et vit sur une planète lambda*) jusqu'au jour où il démarre sa première grande aventure (*Luke doit rejoindre les forces rebelles pour sauver l'univers de l'Empire*). Mais, il ne comprend pas pourquoi c'est à lui d'y aller. Certains événements tragiques et quelques rencontres vont le faire changer d'avis. Notre héros va être encouragé par des personnes plus expérimentées que lui (*Obi-Wan Kenobi et notre Yoda*). L'aventure peut démarrer avec des premiers obstacles à affronter et des alliés à protéger. Ce voyage ressemble aux mécaniques psychologiques de votre client. Dans la vie réelle, vous êtes Maître Yoda. Le héros de l'histoire, ce n'est plus vous, mais votre client. Vous avez le rôle du mentor.

C'est exactement votre job lorsque vous démarrez un nouveau projet client. Les mêmes principes peuvent également s'appliquer à votre création de contenus. Vous pouvez suivre la même structure pour réfléchir à vos contenus, en fonction de la maturité de vos clients, des problèmes auxquels ils font face et comment vous les aidez à maîtriser les challenges qu'ils s'apprêtent à affronter. Votre première réflexion consiste à vous demander quel est le niveau de maturité de votre client sur son problème (et vos compétences). Vous n'allez pas lui parler de technique de développement Web s'il ne sait déjà pas comment structurer un site Internet.

La matrice suivante permet de comprendre et de corréler le stade d'avancement de votre client et la profondeur des contenus à créer.

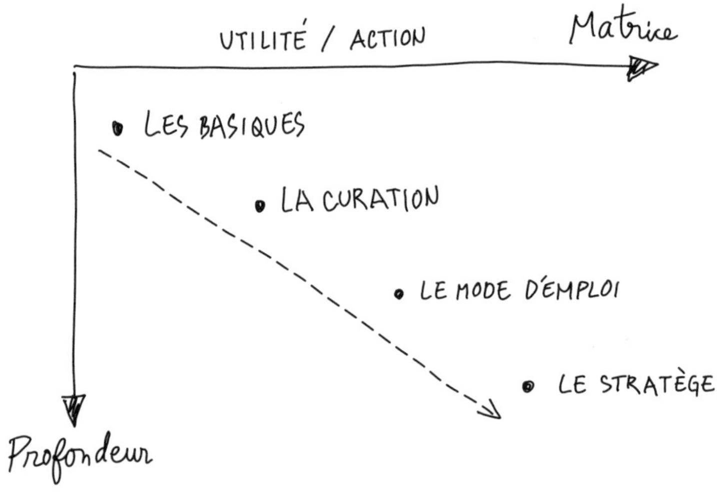

L'ÉCHELLE DES CONTENUS

Les 4 niveaux de contenus

- **Niveau 1 – Les basiques :** une information simple, réplicable par tous *(comment créer un gif personnalisé ?)*
- **Niveau 2 – La curation :** veille sur un sujet donné *(les 100 gifs à insérer dans vos e-mails de prospection)*
- **Niveau 3 – Le mode d'emploi :** partager un processus pour réaliser une action plus complexe qu'un basique *(comment travailler sa séquence de prospection grâce aux gifs ?)*
- **Niveau 4 – Le stratège :** ajouter une couche personnelle grâce à vos résultats et à votre expérience terrain *(comment j'ai triplé le taux de réponses à mes e-mails grâce à des gifs personnalisés ?)*

Forcément, partager un contenu « de base » aura beaucoup moins de valeur qu'un contenu « stratège » beaucoup plus personnel. Dans ce dernier cas, vous vous créez un avantage compétitif, grâce à une bibliothèque de contenus uniques.

Idée clé

Vous pouvez aussi tout à fait jouer et combiner ces quatre niveaux de contenus en mêlant curation de contenus, avec votre expérience personnelle et les cas d'usage.

Si l'on schématise, vous pouvez voir votre stratégie de contenus comme un entonnoir dans lequel vous avez une entrée *(acquisition)*, puis une sortie *(conversion)*.

- **Acquisition (entrée) :** vous cherchez à faire entrer plus de monde dans votre écosystème.
- **Conversion (sortie) :** vous cherchez à convertir des prospects déjà présents dans votre écosystème.

Bien évidemment, votre client ne sortira pas aussi vite qu'il n'est rentré. Vous retrouvez la même idée lorsque vous achetez un produit en ligne ou en magasin. D'abord vous vous renseignez sur votre besoin, puis vous cherchez des réponses à vos questions, vous évaluez les différentes possibilités, vous échangez puis vous prenez votre décision d'achat.

Tous vos contenus n'auront donc pas les mêmes objectifs. Et si l'on reprend notre matrice, il vous sera beaucoup plus difficile de convertir avec une newsletter sur la veille de votre secteur *(curation)*, plutôt qu'avec un article détaillant votre dernière étude de cas avec un client *(stratège)*.

Mixer (à l'infini) les formats pour créer des contenus uniques

Nous avons vu les 4 niveaux de contenus, du plus simple au plus stratégique. Maintenant, comment se matérialisent-ils dans la création opérationnelle de vos contenus ? Il en existe des dizaines de formats dont voici les principaux :

- **Étude de cas :** partager les victoires de vos clients
- **Interview :** capturer l'information venue d'ailleurs
- **Analyse :** disséquer les stratégies d'autres acteurs
- **Partage d'expérience :** communiquer les coulisses de votre activité
- **Conseil :** partager votre point de vue sur une question
- **Interactif :** créer des quiz, calculateurs et d'autres outils
- **Capsule :** format créé spécialement pour un réseau social ciblé
- **Événement :** en présentiel comme en ligne

Certains contenus peuvent très facilement se mixer entre eux. Par exemple, je pourrais partager une étude de cas lors d'un événement. Je pourrais également répondre à une question de mes clients *(conseil)* chaque semaine sur LinkedIn *(capsule)*. Ou alors, je pourrais créer un document PDF où j'analyserais les stratégies marketing d'entreprises en lien avec mes clients pour démontrer mon expertise.

- Si vous êtes décorateur d'intérieur, vous pouvez partir à la rencontre de passionnés de décoration pour transmettre cette passion et partager les conseils de particuliers.
- Si vous êtes une coach sportive, vous pouvez organiser un challenge gratuit pour retrouver une routine physique après les fêtes de fin d'année.

Pour le format, vous avez largement le choix entre :

- **Écrit :** article, livre blanc, dossier, newsletter, programme…
- **Audio :** podcast, livre audio, message vocal dans un groupe de discussion…
- **Vidéo :** reportage, vidéo courte face caméra…

Construire sa pyramide de promotion de contenus

Généralement, lorsque les gens commencent à créer du contenu, ils se focalisent sur la création en elle-même. Et forcément, une fois le contenu publié, ils n'obtiennent pas les résultats attendus. Alors ils cherchent sur Internet des conseils et des « petits *hacks* » pour créer de la viralité. Mais ces tactiques « révolutionnaires » sont limitées par nature. Lorsque certains découvrent de nouveaux secrets pour promouvoir leur contenu facilement, avec des résultats spectaculaires, ça ne dure qu'un temps. Tout le monde commence à s'y mettre et ça ne fonctionne plus aussi bien qu'au démarrage. Cette approche est court-termiste et vous ne devriez pas vous en préoccuper.

La promotion de votre contenu compte tout autant que la qualité et la valeur que vous partagez dans votre contenu. Donc, si vous ne vous concentrez que sur la création en elle-même, vous oubliez une partie de l'équation.

Les 2 paramètres à prendre en compte pour une promotion efficace

- **Le premier paramètre tient compte du médium sur lequel vous publiez votre contenu**. Il peut s'agir de votre site Internet, de votre blog, de YouTube, ou bien d'une plateforme de podcasts.
- **Le second paramètre, tout aussi important, représente l'ensemble des canaux de promotion que vous utilisez** pour partager votre contenu et le faire découvrir à votre audience cible.

Pourquoi distinguer ces deux paramètres ? Publier sur votre blog ou sur YouTube ne suffira pas à générer une traction naturelle suffisante pour vous créer des opportunités. Vous avez besoin d'aller chercher votre audience directement là où elle se trouve. YouTube a un algorithme de recommandations très intéressant. Mais lorsque vous publiez vos premières vidéos, vous n'avez aucune chance de vous retrouver dans les tendances et suggestions de la plateforme si vous récoltez une dizaine de vues. Pour que vos contenus soient lus (vus ou écoutés) et commentés, c'est à vous d'identifier les sources de trafic intéressantes.

Vous avez ainsi deux types de réseaux :

- **Les réseaux ouverts :** réseaux sociaux, sites partenaires, influenceurs…
- **Les réseaux fermés :** groupes privés, newsletters, messages individuels…

Vos contenus peuvent alors être relayés *via* des réseaux ouverts (comme LinkedIn ou Instagram par exemple), mais également *via* des réseaux fermés (newsletters, groupe privé sur Facebook…). Chaque action de votre part compte pour partager vos contenus. Vous devriez passer presque autant de temps à promouvoir votre contenu qu'à le créer.

Les 3 clés indispensables pour votre promotion

Vous ne vous adressez pas à tout le monde en freelance. Votre contenu doit donc refléter votre positionnement et cibler vos clients. Avant de publier votre contenu sur Internet, glissez-vous dans la tête de vos clients cibles en vous demandant comment (et où) ils consomment de l'information. La phase de recherche est également le bon moment pour leur poser directement ces questions :

- Comment s'organisent-ils pour faire leur veille ?
- Sur quelle plateforme sociale passent-ils le plus de temps ?
- Quelles sont les sources d'informations qu'ils consomment le plus et pourquoi ?
- Que cherchent-ils en priorité lorsqu'ils se documentent ?
- Partagent-ils du contenu ? Si oui, de quelle manière (réseaux ouverts/fermés) ?

Les réponses à ces questions vous donneront de bonnes indications sur la meilleure stratégie de promotion pour vos contenus. Par ailleurs, quelle que soit votre manière de promouvoir votre contenu, je vous conseille de respecter ces trois clés indispensables :

- **Régularité dans votre promotion :** mieux vaut publier moins mais promouvoir votre contenu régulièrement sous différentes formes.
- **Planification et organisation :** pour chacun de vos contenus, identifiez en amont les stratégies de promotions que vous allez utiliser pour ne pas devoir improviser au dernier moment.
- **Mesure de l'impact de chaque action :** en fonction des réseaux (ouverts et fermés), identifiez ceux qui auront les meilleurs résultats par rapport au temps passé.

Concentrez-vous sur des actions de promotion bien ciblées et apprenez à comprendre les codes de chaque réseau ouvert et fermé pour industrialiser votre processus de promotion avec le temps.

Développer une routine de création

La création de contenu est d'une exigence folle. Des milliers de personnes s'y frottent, mais combien continuent deux ans après, à publier semaine après semaine ? Trop peu, et c'est bien dommage car les résultats arrivent sur le long terme. Pour tenir le rythme, il n'y a pas de secret. Si vous n'y dédiez pas une plage horaire spécifique chaque semaine, vous ne passerez jamais à l'action.

Je me suis beaucoup renseigné sur les routines des écrivains avant d'écrire ce livre. Je voulais comprendre comment chacun s'organisait pour prendre de l'inspiration, tester et se recréer sa propre routine. Par exemple, j'ai compris qu'écrire une histoire, imaginer des personnages et trouver la bonne intrigue n'était pas une question d'inspiration. Bernard Werber s'assoit tous les matins de 8 h 00 à 12 h 00 à son bureau pour écrire depuis des années, sans exception. Stephen King ne quitte pas son bureau avant d'avoir écrit 6 pages. Haruki Murakami se lève à 4 h 00 du matin et travaille pendant cinq ou six heures. Maya Angelou arrive à son bureau vers 7 h 00 et écrit jusqu'à 14 h 00. Bien évidemment, nous ne pourrions pas calquer ces mêmes routines pour notre activité. Le plus important reste nos projets clients. Mais, ces exemples illustrent très bien une chose : il n'y a aucun secret pour produire. Tout est une question de concentration et de répétition.

Demain, vous ne serez peut-être plus tout seul pour créer du contenu. Mais en attendant, il va bien falloir commencer quelque part. Si vous produisez régulièrement, en vous octroyant des plages dédiées pour tenir le rythme, je vous garantis que vous sortirez du lot plus vite que vous ne le pensez. Par exemple, j'écris souvent mes newsletters le dimanche soir et le lundi en fin de journée. Je privilégie l'enregistrement des épisodes du podcast le jeudi après-midi (ou le vendredi). Lorsque je travaille sur un nouveau contenu d'analyse, je me bloque des créneaux d'au moins trois heures le matin.

Nous ne sommes pas dans une course à la quantité. Votre temps de création est limité chaque semaine. Si vous voulez produire des contenus de qualité, avec des recherches approfondies, cela vous demandera des heures de travail. Vous avez alors deux choix :

- Baisser le temps de création (et sûrement la qualité) pour publier plus,
- Se concentrer sur un (voire deux) format que vous prenez le temps de construire à un rythme que vous jugez raisonnable.

Vous ne pourrez jamais être présent partout, sur toutes les plateformes, dès le démarrage. Et je pense que c'est une erreur de vouloir créer dans toutes les directions. Lorsque je me suis lancé en freelance, je me suis concentré sur deux choses : le podcast et la création d'une newsletter. À l'époque, je ne créais pas d'autres gros contenus. Je n'avais même pas de compte Instagram professionnel, je ne faisais pas de vidéos, et j'ai publié moins de 5 articles durant ma première année d'activité. Je voulais produire le meilleur contenu possible sur le podcast et la newsletter. Et pour tenir le rythme de mes projets clients, j'ai fait le choix de me concentrer sur deux formats. À mesure que vous développerez votre activité et que vous comprendrez de plus en plus vite les codes de chaque contenu (et son temps de production), vous pourrez rajouter de nouvelles briques petit à petit.

S'inspirer du jeu vidéo pour la création de contenus

Créer du contenu, comme des projets personnels, à côté de votre activité en freelance, est un jeu à très long terme. Jérémie Claeys dont je vous ai déjà parlé précédemment, est également le créateur du podcast Sens Créatif, où il part à la rencontre de créatifs comme lui. Ensemble, on s'est amusé à comparer notre aventure freelance et la création de projets avec le jeu de stratégie Age of Empire. Dans ce jeu vidéo, le joueur fait évoluer sa civilisation à travers les âges. Je ne suis sûrement pas très objectif là-dessus, mais c'est pour moi l'un des plus grands jeux de stratégie sur lequel j'ai passé une bonne partie de mes après-midi quand j'étais ado. On rêve tous d'avoir la ville la plus développée, avec ses châteaux, son armée et sa production agricole. Mais lorsque l'on démarre, on se retrouve avec une petite bande de paysans. Ils sont les premiers piliers de notre développement, ils construisent nos premiers bâtiments et labourent nos premiers champs. Avant de passer au niveau supérieur, tout notre développement repose sur quelques paysans. Le contenu fonctionne de la même manière. Vous plantez des graines, semaine après semaine, en gardant en tête que les résultats ne seront pas toujours aussi immédiats que la prospection plus classique par exemple. Mais petit à petit, les modèles s'inversent.

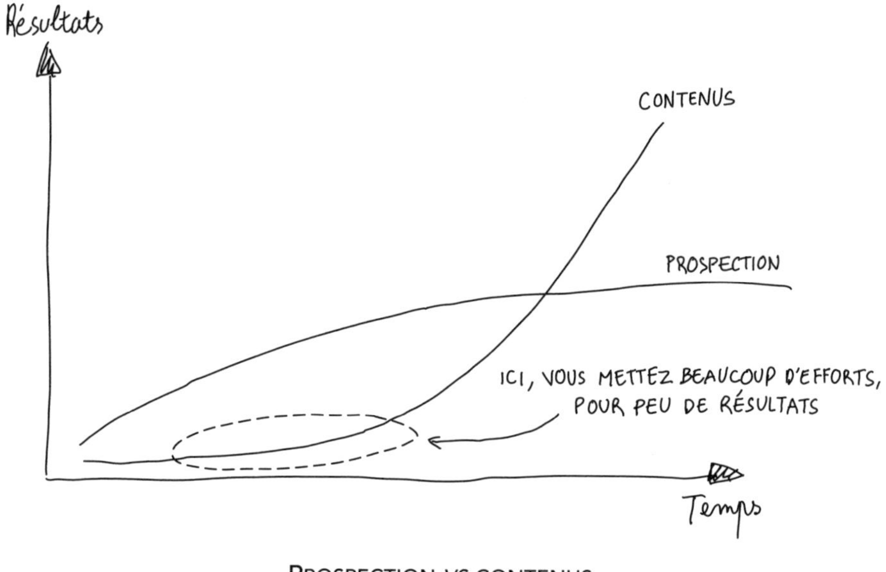

PROSPECTION *VS* CONTENUS

Le contenu est aussi un formidable levier pour développer votre réseau et créer de nouvelles connexions. C'est aussi l'un des meilleurs actifs pour le futur. Pour tous les introvertis qui ne sont pas toujours à l'aise en public, c'est une bonne opportunité de vous exprimer différemment, à votre rythme. Votre contenu, s'il est de qualité, va générer des interactions, des points de contact et des discussions qui pourront élargir votre cercle d'indépendants, comme celui de vos futurs clients.

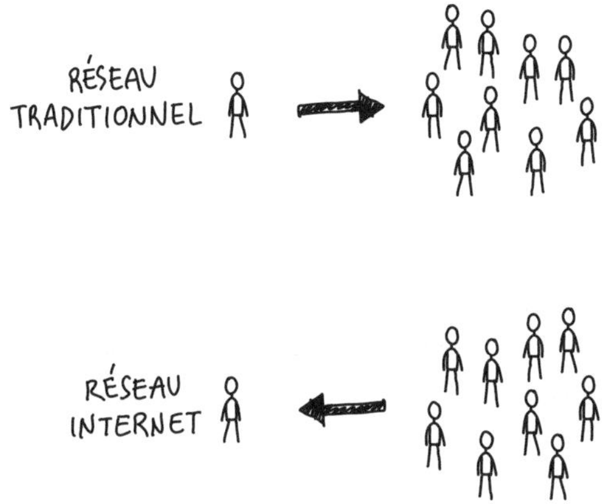

LE RÉSEAU « INTERNET » *VS* RÉSEAU « TRADITIONNEL »

POINT D'ÉTAPE

Votre seule contrainte est le temps que vous êtes prêt à consacrer à la création de contenus, sans être sûr d'en récolter les bénéfices immédiatement. Il existe des exceptions, mais vous devrez généralement compter plusieurs mois avant d'obtenir vos premiers résultats.

Le contenu est une tâche de fond que je vous conseille d'amorcer dès votre démarrage. Mais n'oubliez pas pour autant les stratégies de prospection et de réseau pour trouver et signer vos clients. Vous pouvez très bien commencer par de petites actions, comme mettre en avant les retours de vos clients. Pour cela, une astuce très simple à la fin de chacune de vos missions, appelez votre client pour lui poser ces trois questions :

- Qu'avez-vous apprécié dans mon travail ? (relationnel, compétences…)

- Quelles sont les choses qui ont fait la différence par rapport à d'autres partenaires avec qui vous avez l'habitude de travailler ?
- Quels sont les points sur lesquels je peux encore m'améliorer ?

Faites-en un témoignage en reformulant ses propos (avec son accord). Vous pouvez maintenant y rajouter des éléments de contexte, votre méthodologie et vos résultats et vous avez plusieurs cas clients à partager.

Gardez à l'esprit quatre choses :

1. Votre client est le seul juge de la qualité de votre contenu. Créez du contenu spécifique qui résonnera avec ses problématiques.
2. Vous pouvez ranger chacune de vos idées selon les 4 niveaux de contenus dont nous avons parlé. Le plus important est de vous adapter au niveau de maturité de vos clients.
3. L'inspiration n'est pas responsable de toutes vos idées. Elles sont le résultat d'une pratique délibérée dans laquelle vous allez mixer le type de contenu, l'angle et les formats.
4. N'essayez pas d'être partout. Demandez-vous plutôt « comment je peux investir intelligemment dans une seule direction ? »

PARTIE 4

Convaincre ses clients et développer son business

CHAPITRE 12

Définir un prix juste pour son offre

À chaque nouvelle mission, c'est le même casse-tête. On se pose des dizaines de questions sur le prix de notre prestation. Même si les besoins de nos clients peuvent être récurrents, le contexte est quant à lui, souvent unique. Il n'y a donc pas toujours de formule toute prête pour être sûr de proposer le juste prix à notre client. Et parfois, on finit même par se mettre à la place du client pour se demander si nous trouverions notre prix raisonnable. Évidemment, notre réponse n'est pas objective puisque nous avons nous-mêmes les compétences nécessaires pour cette prestation. Forcément, le prix nous semble trop cher. Alors on baisse, encore.

Il existe bien des méthodes pour construire son positionnement, travailler sa vision à long terme, créer du contenu et même s'organiser (sur 90 jours ?). Alors pourquoi n'y a-t-il jamais de réponses claires au sujet du prix quand on est freelance ? Je vous propose de réfléchir ensemble à la bonne manière de faire quand il s'agit de fixer un prix à votre travail pour chacun de vos clients. Et je commence par revenir sur une idée clé, mais trop souvent oubliée : l'asymétrie d'information entre vous et votre client.

Admettons que vous deviez emmener votre voiture chez le garagiste du coin, parce qu'elle fait un drôle de bruit. Vous avez de la chance, le garagiste a 15 minutes devant lui et en profite pour jeter un œil sous le capot. Il regarde ce qui se passe, rallume le moteur. Il vient de comprendre d'où vient ce bruit. Il bricole deux trois choses sous le capot, et comme par magie, le bruit a disparu. Vous lui demandez alors le prix de son intervention… 40 € ! Vous trouvez ça exorbitant compte tenu du temps qu'il a passé sur votre voiture et le peu d'effort qu'il lui a fallu pour résoudre ce problème de bruit. Le garagiste revient alors avec une facture plus détaillée : 5 € pour la main-d'œuvre et le temps passé ; 35 € pour avoir su d'où venait le problème (et le résoudre). D'un côté, vous avez l'impression de vous faire voler. De l'autre, votre garagiste a le sentiment de vous faire payer le prix juste. Il vient de régler un problème qui vous inquiétait depuis plusieurs semaines. Vous aviez peur que votre voiture vous lâche définitivement. C'est ce que l'on appelle l'asymétrie de la connaissance.

Dans cette situation, la connaissance était au cœur de la résolution du problème. Resserrer un écrou ne demande pas de compétences techniques particulières. Je ne suis pas mécano et pourtant, j'aurais pu resserrer les pièces moi-même. Mais avant de savoir quelle était la source du problème, j'aurais perdu des heures à chercher.

Sur une mission freelance, la main-d'œuvre (l'exécution) prend généralement une part bien plus importante du coût du projet. Mais dans notre prix, on facture également l'accès à nos connaissances et à nos expériences passées. La question du prix est donc un sujet épineux. Malgré la quantité quasi infinie de ressources à ce sujet, on se retrouve toujours bloqué lorsque nous devons déterminer le prix d'une prestation. Comment déterminer le juste prix, pour vous comme pour votre client ?

3 paramètres à prendre en compte dans votre tarif

« Et combien ça me coûterait de travailler avec vous ? » Cette question arrive très souvent à la fin d'un premier appel avec un potentiel client. C'est la question que beaucoup d'entre vous redoutez. Certains annonceront un prix à la journée, d'autres donneront une estimation globale du prix du projet. Je fais partie d'une troisième catégorie. Avant d'annoncer un prix à la volée, j'ai besoin de prendre le temps de réfléchir au périmètre du projet, aux implications de chacun, au niveau de maturité de mon client, aux résultats de mon intervention, et à mon niveau de confiance.

Quand votre client vous demande le coût du projet, il veut anticiper la somme qu'il devra prendre de son enveloppe trimestrielle. Mais ce coût-là est très différent de son prix et de sa valeur. Ces trois paramètres (coût, prix et valeur) font tous parties de l'équation d'un prix juste pour votre client, comme pour vous.

1. **Le coût de votre service** est relatif au temps passé sur la mission, ainsi qu'aux coûts structurels de votre activité (bureau, matériel, outils, logiciels, administratif, assistant virtuel...). Si votre prix est égal à vos coûts, vous ne faites pas de profit. Vous ne perdez pas d'argent, mais vous n'anticipez pas la suite de votre aventure, les temps morts ou vos futurs investissements.
2. **Le prix que votre client va payer** est donc l'addition du coût et du profit. Et si l'on veut simplifier, votre projet correspond au niveau de valeur proposé pour cette mission.
3. **La valeur d'une mission** est une notion difficile à intégrer. Mais sachez une chose : plus votre intervention a une corrélation directe avec le revenu de l'entreprise, plus il sera facile de démontrer votre valeur. Si vous vous adressez à des particuliers, vous pouvez prendre en compte les bénéfices personnels de votre collaboration.

Vous accompagnez vos clients dans la création de leur identité graphique (logo, typographie, couleurs, ton, valeurs, manifeste...). Maintenant, vous démontrez l'impact business d'une identité forte, comme élément de différenciation sur un marché donné où toutes les entreprises se ressemblent. Alors, vous n'êtes plus un énième graphiste qui fait de beaux logos. Vous êtes un partenaire business qui comprend les enjeux commerciaux et financiers derrière un simple logo.

Vous êtes photographe spécialisé sur les mariages de votre région. Pour vous différencier des autres indépendants sur le marché, vous avez plusieurs options. L'une d'entre elles concerne votre discours et votre approche de la photographie de mariage. Vous permettez à un couple de jeunes mariés de se projeter grâce à votre travail, mais également en anticipant toutes leurs demandes et en les inscrivant dans un résultat final. Vous êtes au clair sur votre organisation et votre approche de cet événement. Vous n'êtes plus seulement un prestataire, mais un véritable partenaire qui sera là le jour J en cas d'imprévus.

Facturer au temps passé ou comment saboter son efficacité

Un client ne vous achète jamais une prestation. Il vous achète la résolution de son problème. Il est donc de notre responsabilité de présenter la valeur de notre solution. En facturant au temps passé, vous vous pénalisez d'être efficace… Après plusieurs années, une tâche qui vous prenait 5 heures, ne vous en prend plus que 2 heures. Est-ce que vous n'allez facturer que 2 heures pour autant ?

> Il y a quelques mois, j'ai accompagné un client dans la création d'un podcast. Mon client n'a jamais cherché à savoir combien d'heures j'allais passer sur le projet. Il s'est focalisé sur les résultats que je lui proposais. Nous avons convenu d'une date de démarrage, des points d'étapes à franchir puis d'une livraison à une date donnée. Il n'a pas besoin de savoir combien d'heures je passe la première semaine, puis la deuxième… Encore une fois, la question de la régie (travailler chez son client) est encore différente. Mais je considère cette situation comme pénalisante. Et personnellement, si je me suis lancé en freelance, ce n'est pas pour me retrouver bloqué plusieurs jours chez mon client chaque mois.

Bien sûr, il arrive que certains clients insistent pour connaître notre taux journalier et le temps passé sur la mission. Dans un cas comme celui-ci, il est plus délicat de décorréler son prix du temps passé. Je vous partage une mise en situation que j'ai trouvée très intéressante[1] et que j'ai reformulée pour ce livre.

Emma propose de créer un site Internet d'une dizaine de pages pour 5 300 €. Le client lui demande alors son prix à la journée pour faire ses petits calculs.

« – Quel est votre taux journalier ?

– Pourquoi cette question ?

– Pour savoir combien de temps vous passerez sur la mission.

– Donc si mon taux journalier est de 500 € et que je ne passe que 4 jours sur votre site, alors il vaudrait moins cher ?

– Logiquement, oui.

– Donc si j'y passe plus de temps que prévu, il vaudra aussi plus cher alors…

– En théorie oui…

– Vous attribuez la valeur de votre site au temps que je vais y passer, plutôt qu'au résultat final. Je vais finalement y passer 20 jours, et ça vous coûtera 10 000 €, OK pour vous ?

– Je trouverai quelqu'un de plus efficace !

– Je pourrais être plus rapide, mais je serai pénalisée d'être efficace… Pourtant votre site sera exactement le même. Alors, combien vaut votre site ? »

Nous avons tous tendance à valoriser l'effort et le temps passé sur un projet. Si Emma livre son site Internet fonctionnel en quelques jours, elle fera gagner un temps précieux à son client. Il pourra passer plus vite au prochain projet. Le gain de temps a tout autant de valeur que le temps passé sur le projet.

1. https://youtu.be/RKXZ7t_RiOE

Cette logique s'applique aussi à tous les produits que vous achetez dans votre quotidien. Prenons une paire de Nike. Il se vendrait 25 paires de Nike chaque seconde[1], ce qui nous fait plus de 780 millions de baskets vendues chaque année. Disons qu'une paire de Nike coûte en moyenne 100 €. Lorsque vous achetez votre paire en magasin ou en ligne, vous n'avez aucune idée de son coût, du temps passé à la concevoir ou de la manière dont elle est fabriquée. Pour beaucoup d'entre vous, ce n'est pas ce qui vous intéresse. Vous avez besoin d'acheter une nouvelle paire pour faire du sport ou renvoyer une image tendance. Vous vous concentrez sur le bénéfice et non sur le processus et le temps de fabrication. **Le prix à payer est alors en fonction du bénéfice interne** *(je vais pouvoir me remettre au sport)* **ou externe** *(les gens vont se retourner dans la rue en voyant mes chaussures)*.

La méthode pour déterminer le bon prix gagnant

Les 3 critères à ne surtout pas oublier

L'un des premiers réflexes pour déterminer son prix, c'est d'aller voir du côté des plateformes et d'observer les tarifs pratiqués par d'autres freelances sur sa thématique. Même si c'est une première approche intéressante, elle est loin d'être suffisante. Vous ne connaissez pas l'envers du décor de ces freelances. C'est comme être dans un supermarché et tenter d'identifier les meilleurs produits, seulement sur un prix produit (sans même avoir vu le packaging). Ces recherches sur ces plateformes sont gratuites, alors ne vous en privez pas. Elles restent un bon indicateur pour connaître l'échelle de prix pratiquée et ne pas être complètement hors jeu. Mais ensuite, vous devriez prendre en compte trois critères importants.

1. https://shoesops.com/how-many-shoes-does-nike-sell-a-year/

Vos objectifs à court, moyen et long terme

Dans le chapitre 4, nous avons parlé de votre vision à long terme. Vous ne vous êtes pas lancé par hasard, et ces raisons seront fortement corrélées à vos objectifs. Grâce à la méthode des 90 jours, vous découpez vos objectifs financiers par trimestre pour vous donner un ordre d'idée du chiffre d'affaires qu'il va falloir encaisser.

Vos coûts structurels mensuels

La plupart des freelances qui se lancent n'ont que très peu de coûts. Ils travaillent de chez eux, ont un ordinateur et quelques abonnements et démarrent avec un statut d'auto-entrepreneur (avec le règlement des charges sociales et de la TVA). Il n'empêche qu'il est important de lister puis de comptabiliser l'ensemble de ces charges sur l'année (pour anticiper les éventuels imprévus). Par ailleurs, votre activité va se développer et avec elle, de nouveaux coûts vont arriver. Il est donc intéressant de prendre votre structure de coût dès le jour 1.

Le nombre de jours dédiés à vos clients

Enfin, il est utopique de penser que vous allez facturer 100 % de vos journées travaillées. Il faut penser aux tâches administratives, au suivi de vos opportunités commerciales, au développement marketing de votre activité, à l'apprentissage de nouvelles compétences (lectures, conférences, formations…), et même à la création de contenus, comme nous l'avons vu précédemment. Il faut donc prendre en compte ces trois paramètres pour le calcul de votre taux journalier moyen (TJM).

Exemple de calcul du TJM

Pour cette nouvelle année, j'aimerais augmenter mon salaire de 10 % pour passer à 4 500 € (en brut pour simplifier les calculs). Après avoir pris en compte l'ensemble de mes dépenses de l'année précédente, j'anticipe une augmentation de mes charges de 23 % (je prévois de développer mes collaborations avec d'autres consultants), soit 18 000 €. Je vais également être papa dans moins de 4 mois. Je veux donc réduire mon nombre de jours travaillés sur l'année à 120 jours pour passer du temps avec mon fils.

Pour atteindre mon objectif de salaire tout en prenant en compte les autres paramètres, mon taux journalier de référence est de :

$$[(4500 \times 12) + 18000]/120 = 600 \text{ €}$$

Pour tenir mes objectifs financiers, je dois au minimum facturer 120 jours à 600 €. Votre client n'a pas besoin de connaître votre calcul ni même votre facturation à la journée.

Sauf si vous avez convenu d'un contrat journalier à votre client, le prix annoncé est un prix au livrable (ou au projet). Si vous facturez au temps passé pendant des années, vous allez vous retrouver piégé.

La technique d'ancrage pour maîtriser la négociation

Le prix de votre prestation s'établit donc en fonction de sa valeur. Mais cette « valeur perçue » dépend aussi du marché, du contexte et des circonstances dans lesquelles vous allez présenter votre projet.

Au début des années 2000, trois chercheurs de l'université de Würzburg en Allemagne conduisent une expérience[1]. Ils se rendent auprès d'une soixantaine de garagistes (divisés en deux groupes) pour faire une estimation de leur voiture. Elle n'est pas toute jeune et ils se demandent si cela vaut le coup de la réparer. Ils pensent que la voiture ne vaut pas plus de 1 400 €. Ils demandent donc à ces experts d'estimer la valeur actuelle de la voiture et les coûts de réparation, en connaissant l'estimation des chercheurs. Le premier groupe de garagistes évalue la valeur de la voiture à 1 200 €. Les chercheurs réitèrent l'opération auprès du second groupe de garagistes, mais cette fois, ils estiment que la voiture vaut 2 500 €. À leur grande surprise, ces garagistes évaluent maintenant cette même voiture à 1 800 €. La voiture est pourtant exactement la même. Mais le contexte est différent et les informations à leur disposition également (estimations des chercheurs). Pourtant, vous avez en face de vous des experts en mécanique.

	Estimation des chercheurs	Estimations des garagistes
Groupe 1	1 400 €	1 200 €
Groupe 2	2 500 €	1 800 €

VALEUR PERÇUE SELON LE CONTEXTE

Le cadre de référence et les informations à disposition de vos clients sont donc extrêmement importants. Votre valeur est aussi une question de positionnement sur votre marché et de perception. Je peux très bien vendre la rédaction d'un article de fond à 750 € pour un client A. Mais la même offre à un client B sur un marché différent ne fonctionnera peut-être pas. Le prix de vos offres vous positionne

1. https://www.researchgate.net/publication/247746643_Overcoming_the_Inevitable_Anchoring_Effect_Considering_the_Opposite_Compensates_for_Selective_Accessibility

de la même manière que vos offres elles-mêmes sur votre marché cible.

Vous avez donc besoin de comprendre les codes de votre marché, la perception que vos clients ont de votre travail et les enjeux business de vos clients. Que vous soyez développeur, illustrateur, *community manager*, rédacteur, organisateur d'événements, réalisateur, traducteur ou scrum masters, vous devez vous intéresser profondément à la manière dont vos clients fonctionnent.

Vous n'êtes pas des artistes au sens littéral du terme, vous êtes des indépendants avec, vous aussi, une activité économique et des objectifs business à atteindre. Vous faites partie du même monde que vos clients. Vous récoltez des informations qui pourront vous aider à justifier le prix de vos prestations par rapport à l'impact de votre intervention. Et il y a quelques questions de base à poser à vos clients pour vous faire une première idée de l'impact de votre intervention. Ces mêmes questions sont tout aussi valables lorsque votre offre s'adresse à des individus (avec quelques ajustements) :

- Quel est le business model de l'entreprise ? Comment se rémunère-t-elle ?
- Quels sont vos principaux canaux d'acquisition ?
- Quel est votre panier moyen ?
- Quels sont vos objectifs cette année ?
- Quels sont les bénéfices attendus ?

Tout comme nos chercheurs de l'université allemande, nous sommes biaisés par les informations à notre disposition. En proposant plusieurs niveaux de prestations, vous ancrez votre client dans votre réalité professionnelle. Avec des propositions à tiroirs, vous renversez la prise de décision de votre client. La question n'est plus « Ai-je envie de travailler avec lui ? », mais plutôt « Quelle offre correspond le mieux à ma situation ? ». Je vous déconseille plus de trois offres différentes. Au-delà, vous rajoutez des frictions à la prise de décision de votre client.

- **Offre 1 :** votre prestation de base vous permet d'être juste rentable (souvenez-vous de cette notion coût/prix/valeur).
- **Offre 2 :** votre prestation améliorée avec plus de services et un accompagnement plus précis.
- **Offre 3 :** votre prestation haut de gamme, qui vous demandera beaucoup plus de temps et l'aide d'autres spécialistes selon les sujets.

Votre objectif est de vendre l'offre 2 dans la majorité des cas. Les deux autres offres sont là pour encadrer votre positionnement et renforcer cet ancrage.

Augmenter sa valeur perçue

La question du « prix juste » est presque sans fin. Personne ne détient la vérité, et chaque freelance vous dira que sa situation est particulière. Tout au long de ce chapitre, je me suis attaché à partager les principes que j'utilise moi-même pour mettre un prix sur une solution que je propose à mes clients. Ces réflexions m'ont également été partagées dans de nombreux épisodes du podcast Tribu Indé. Votre prix prend en compte un grand nombre de paramètres dont nous avons déjà parlé. Mais vous avez beau résoudre un problème difficile, avec un bénéfice clair pour votre client, vous ne pourrez pas contrôler tous les paramètres. Même sur des projets stratégiques, si vous débutez, vous ne pourrez pas facturer aussi cher qu'un freelance avec plus d'expérience que vous.

Estimer la valeur de votre prestation n'est pas simple. Si vous êtes capable de connaître le bénéfice financier de votre intervention, c'est le jackpot. Les consultants en acquisition payante fonctionnent ainsi. Si leur travail rapporte à l'entreprise 50 000 € et que leur prestation coûte 10 000 €, c'est une relation gagnante des deux côtés. Mais pour d'autres prestations, c'est beaucoup plus compliqué d'estimer leur valeur.

Appuyer sur le bénéfice émotionnel de votre prestation

Imaginez que vous soyez à la tête d'une agence digitale. Une dizaine de consultants travaillent pour vous. Votre petite affaire tourne bien, mais en interne, c'est un peu le chaos. Vous sentez qu'il y a une perte d'information et une mauvaise gestion des projets. Vous décidez alors d'investir dans un outil pour centraliser la connaissance et tous les processus de l'entreprise. Petit à petit, l'agence se structure et vous retrouvez de la sérénité au quotidien. Combien êtes-vous prêt à payer mensuellement pour cet outil ? 100 € ? 500 € ? 1 000 € ? La réponse à cette question est loin d'être simple.

Pour Tribu Indé, Thibaut m'aide à revoir mon image de marque. Je sens la différence. Je me sens compris et j'ai l'impression d'être plus professionnel. Cette nouvelle approche graphique me ressemble. Ici, je ne peux pas quantifier le bénéfice financier de son intervention. En revanche, je me sens mieux. La valeur de votre travail est aussi en fonction de votre ressenti.

> Nathan Barry, le fondateur de ConvertKit, a partagé il y a quelques années un excellent article sur la perception de valeur lorsque l'on souscrit à un nouveau logiciel. Il prend l'exemple de deux outils que son équipe utilise au quotidien : Basecamp et Segment[1].
>
> « *Pour leur logiciel, Basecamp pourrait multiplier les prix par 5, ça ne me dérangerait pas. Mes équipes voient tellement de valeur dans le produit ! Pour Segment, c'est différent. L'outil est très bon mais ils nous font payer le prix fort. La valeur est là, mais le prix aussi*[2]. »

1. Base Camp est un outil de management de projet. Segment permet de collecter, de stocker et de trier les données de ses clients.

2. https://justinjackson.ca/charge-more

Pour Segment, Nathan Barry est d'accord pour payer ce prix-là, mais pour combien de temps encore ? Et puis, il n'est plus aussi enthousiaste à l'idée de parler du produit.

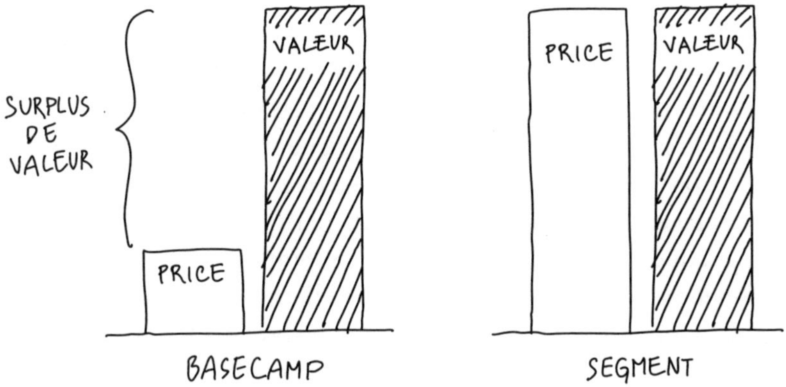

PRIX *VS* VALEUR PERÇUE

Dans le cadre de nos activités respectives :

- Quelle approche est la plus stratégique sur le long terme ?
- Faut-il toujours facturer plus ?

À valeur égale, vous aurez plus de facilité à convaincre votre client si votre prix est inférieur à la valeur qu'il pressent que vous lui apportez. L'approche de Basecamp semble intéressante, sans nécessairement devoir casser vos prix. La réussite économique de votre activité est à la base de tout. C'est pour cette raison que j'ai orienté le début de ce chapitre sur vos objectifs et votre structure de coûts. Une fois ces réflexions prises en compte, avez-vous intérêt à facturer 5 fois plus cher que le marché ? Peut-être pas.

S'inspirer des codes de Bonne Gueule pour démontrer sa valeur

Bonne Gueule est un site de mode masculine qui a réalisé plus de 8 millions d'euros de chiffre d'affaires sur 2019[1]. Ils sont aujourd'hui bien installés dans l'univers du prêt-à-porter masculin (et féminin depuis peu). Initialement, Bonne Gueule s'est lancé avec un blog en 2007. Ce n'est que 7 ans plus tard que l'entreprise devient une véritable marque de vêtements. À chaque nouveau lancement, les collections sont en rupture de stocks en quelques jours. Pourtant, les pièces coûtent en moyenne 200 €. Ils réussissent à faire un carton sur chaque lancement parce qu'ils mettent beaucoup d'énergie à augmenter la valeur perçue par leurs clients. Leur blog est d'une richesse incroyable quand on s'intéresse de près ou de loin à la mode. Ils ont testé des dizaines de formats de vidéos où ils nous emmènent dans les coulisses de la création de leurs vêtements. Ils prennent le temps d'expliquer tous les détails de chaque pièce, l'expertise des artisans avec qui ils collaborent. Ils nous montrent également tous les processus pour aller trouver le bon tissu, avec un rapport qualité/prix imbattable. Ils vont aussi dénicher des pépites aux quatre coins du monde comme des jeans japonais, complètement confidentiels[2].

Par ailleurs, chaque année, c'est le même rituel pour toute l'équipe. Ils publient sur le blog un bilan annuel (20 minutes de lecture en moyenne), où ils partagent leurs objectifs, leurs résultats, ce qu'ils ont testé et ce qui n'a pas fonctionné. En lisant ces contenus, vous avez presque l'impression de faire partie de l'aventure à votre tour. Geoffrey et Benoît, les deux cofondateurs, n'hésitent pas non plus

---

1. https://fr.fashionnetwork.com/news/Bonne-gueule-leve-6-5-millions-d-euros-aupres-de-generis-capital-partners-et-bpifrance, 1212871.html

2. La manière dont ils racontent l'aventure de ce jean, les coulisses de leur rencontre et les échanges pour créer le jean parfait sont autant d'ingrédients qui leur permettent d'augmenter la valeur perçue de leurs produits (et donc de leur marque). https://www.bonnegueule.fr/notre-nouveau-jean-japonais-pas-comme-les-autres/

à prendre régulièrement la parole pour s'exprimer sur des sujets sociétaux, environnementaux ou même marketing.

En tant qu'indépendant, votre prospect doit se projeter dans votre univers, votre méthodologie et votre état d'esprit *(bénéfice émotionnel)*. Si vous êtes plus cher que les autres, il faut le justifier en partageant la précision de votre travail, l'effort que vous mettez dans chacune de vos collaborations et les résultats de vos clients. *In fine*, votre client doit se dire qu'il a en face de lui une prestation incomparable. La création de contenus est alors indispensable pour créer un univers autour de vos prestations, à moyen et long termes. Mais la phase d'avant-vente est tout aussi stratégique pour faire comprendre à vos (futurs) clients la qualité de ce que vous faites et la confiance que vous avez à délivrer la meilleure prestation qui soit.

Après tout ce que je viens de vous dire autour de cette notion fondamentale qu'est le prix juste, peut-on encore travailler gratuitement pour certains clients ?

Travailler gratuitement est-il un mauvais conseil ?

C'est un sujet récurrent. Et il n'y a qu'à voir le nombre d'articles, de commentaires et de discussions dans les groupes Facebook à ce propos, pour vous rendre compte de la complexité de la réponse. Ces interrogations sont importantes et méritent de s'y attarder quelques instants.

J'aime penser que chacun de nos clients nous attribuent un score. Ce score est souvent arbitraire, mais repose sur plusieurs critères dont certains ont déjà été évoqués :

- « Est-il suffisamment expérimenté pour répondre à mon besoin ? »
- « À quoi ressemble son portfolio ? »
- « Quelles sont ses références ? »

- « Sont-elles cohérentes avec ce que je pense être bien pour moi ? »
- « Comprend-il vraiment mes problématiques ? »
- « M'inspire-t-il suffisamment confiance pour m'accompagner ? »

Inconsciemment, le client nous jauge... Quand on débute, ou que l'on veut tester une nouvelle offre, c'est le serpent qui se mord la queue. Vous avez besoin « de faire » pour valider votre offre, mais vous n'arrivez pas à convaincre vos clients car vous n'avez pas d'expérience pour le rassurer. Or pour avoir de l'expérience, vous avez besoin de tester votre offre. Je pense que le travail gratuit n'est pas un ennemi contre lequel il faut sans cesse se battre. En revanche, le choix de travailler gratuitement doit (1) être stratégique pour vous et (2) ne pas être subi. C'est à vous de choisir, et non pas à votre client de le proposer. Beaucoup critiquent le travail gratuit, sans penser aux conséquences positives de certains projets sur le long terme. Il faut bien comprendre une chose, les indépendants prêts à travailler gratuitement sont en général dans l'un de ces deux cas :

- Ils ont besoin d'acquérir de l'expérience (et/ou développer leur portfolio) ;
- Ils ont du temps disponible pour prendre des projets puisqu'ils n'ont pas encore suffisamment de clients.

Vous pouvez donc utiliser ce temps-là pour travailler sur des projets que j'appelle stratégiques (je vais y revenir). Bien sûr qu'il est impensable de travailler gratuitement lorsque vous continuez d'avoir des demandes de projets en continu (sauf mécénat ou engagement associatif), mais lorsque vous démarrez, je ne pense pas qu'il faille à tout prix (sans mauvais jeu de mots) mettre cette option de côté.

Comment choisir ses projets gratuits ?

D'autre part, travail gratuit ne veut pas dire travail subi. Certains clients essaieront de profiter de votre inexpérience éventuelle pour tenter quelques combines. Les justifications sont toujours les mêmes :

- « Nous n'avons pas de budget en ce moment »
- « On te propose de travailler gratuitement sur ce projet, mais on te promet qu'il y a de gros projets qui arrivent dans les prochaines semaines »
- « On pourra te recommander à tous nos partenaires, c'est gagnant-gagnant »

Dans des cas comme ceux-là, vous vous retrouvez face à des clients qui ne voient pas suffisamment de valeur dans ce que vous leur apportez. Ils seront également plus compliqués à gérer (et plus chronophages, croyez-en mon expérience). Il vous appartient de peser le pour et le contre d'un tel projet sur vos objectifs futurs, même si les avantages restent les mêmes :

- Progresser rapidement et gagner en compétences
- Augmenter sa jauge de crédibilité
- Développer son réseau (et sa visibilité par la même occasion)

> Caroline Blanchet est une mordue de basket. En avril 2020, elle enflamme le monde de la NBA, non pas pour ses talents sportifs, mais pour son trait graphique. Depuis 2013, elle s'est lancé dans la grande aventure freelance comme graphiste. Ses créations lui permettent de se faire repérer par de belles institutions sportives comme la NBA, l'UEFA, ou même la Fédération Internationale de hand. À l'occasion de la sortie de la série produite par la chaîne TV ESPN et Netflix *The Last Dance*, les Chicago Bulls ont un coup de cœur pour l'une de ses créations personnelles. « Ils m'ont tout de suite informée qu'ils n'avaient pas de budget pour ça, qu'il n'y aurait pas de contrepartie financière. Mais c'était difficile de dire non. » En quelques jours, son illustration devient presque l'affiche officielle aux yeux des fans de la série. « À partir du moment où j'ai travaillé avec la NBA, ça a été un gros plus en matière de crédibilité[1]. »

1. https://www.lequipe.fr/Basket/Actualites/Caroline-blanchet-la-graphiste-francaise-propulsee-par-the-last-dance/1137654

Qu'auriez-vous fait à sa place ? Bien sûr que vous auriez accepté qu'une des plus grandes équipes de NBA partage vos illustrations. Caroline n'a pas touché un euro pour cette opération, mais les résultats à moyen terme en valent largement le coup. Elle gagne en crédibilité, en visibilité et cela lui permet de décrocher de gros contrats ensuite, cette fois-ci rémunérés. Je pense qu'il ne faut pas négliger les bénéfices, autres que financiers, selon les opportunités qui vous sont proposées.

Par exemple, depuis la création de Tribu Indé, j'ai participé à de nombreuses conférences et webinars. Pour 90 % d'entre eux, je n'ai pas été payé. Pourtant, j'ai parfois passé beaucoup de temps à préparer mes interventions et à me rendre disponible le jour J. Mais je savais que ces opportunités me permettaient de gagner en confiance, et surtout d'augmenter ma jauge de crédibilité.

Si vous êtes un jeune photographe, qu'est-ce qui vous empêche de proposer gratuitement vos services à une ou deux entreprises pour, par exemple, mettre en avant les bureaux et les équipes de PME de votre région ? Vous vous bloquez deux jours, puis plusieurs jours pour trier et retoucher vos photos. Vous n'avez toujours pas de clients, alors vous pouvez faire l'effort de vous rendre disponible quelques jours pour développer votre portfolio. Vous avez besoin de faire des choses pour prouver à vos futurs clients que vous êtes capables de les accompagner. Et dans de nombreux cas, si les photos sont réussies, vous avez de grandes chances que d'autres entreprises de la région pensent à vous.

Il m'arrive régulièrement d'aider d'autres freelances de mon réseau sur le contenu de leur site ou de relire certains de leurs contenus. En cumulé, cela représente plusieurs heures par mois. Et pourtant, je ne vais pas les facturer. Ça n'aurait pas de sens. Un jour ou l'autre, j'aurais peut-être besoin de leur regard ou de leurs conseils. Ça ne sert à rien de vouloir tout calculer pour maximiser ses revenus à court terme. L'approche que je vous ai proposée ici me semble plus intelligente pour construire votre activité sur un horizon de temps qui dépassera les quelques mois. Pour finir, posez-vous ces quatre questions lorsque vous hésitez à proposer vos services gratuitement :

- Vais-je apprendre suffisamment pour considérer ça comme une part de mon apprentissage ?
- Ce travail sera-t-il public, avec mon nom mis en avant ?
- Ces gens-là paient-ils d'autres personnes pour faire le même job ?
- Cette opportunité a-t-elle déjà permis à d'autres personnes d'augmenter leur crédibilité par la suite ?

POINT D'ÉTAPE

Fixer son prix n'est pas une mince affaire. C'est pourquoi j'ai voulu être le plus concret et le plus pragmatique possible en vous livrant les bonnes clés autour de la question du prix.

Commencez par garder en tête la différence entre coût, valeur et prix. Ensuite, à mesure que vous acquérez de l'expérience, détachez-vous au maximum d'un prix au temps passé. Si vous êtes capable d'accomplir certaines tâches en deux fois moins de temps pour le même résultat, profitez-en. Votre efficacité ne devrait pas être pénalisée.

Les 3 critères à ne pas oublier pour mettre un prix sur votre prestation :

- vos objectifs à court, moyen et long termes,
- vos coûts structurels mensuels,
- le nombre de jours à facturer par mois.

Une bonne partie de la négociation se jouera sur la perception que votre client aura de votre offre et de votre capacité à l'accompagner efficacement pour résoudre son problème. L'enjeu est donc d'augmenter votre valeur perçue…

La technique d'ancrage vous permettra de contrôler le cadre de référence de votre client.

Le bénéfice émotionnel de votre prestation est également à prendre en compte dans vos discussions. Vos clients sont toujours intéressés pour comprendre les coulisses de votre activités, vos méthodes, vos réflexions et vos réussites. Et parfois, travailler gratuitement n'est pas un mauvais conseil. J'en suis convaincu ! Attention toutefois de choisir des projets stratégiques qui deviendront des tremplins pour vos projets futurs.

Enfin, une bonne formule à garder en tête :

Taux Journalier Moyen x Temps passé
< Valeur perçue x Risque perçu

CHAPITRE 13

Apprendre à mieux vendre

Convaincre et savoir vendre est une compétence fondamentale. Vous aurez beau être le meilleur sur votre expertise, si vous n'arrivez pas à embarquer vos clients, ça ne marchera pas. Depuis quelques mois, je suis fasciné par ce qui se passe sur Twitch. Cette plateforme (rachetée par Amazon) permet à tous de se filmer en live et aux spectateurs d'interagir en direct avec leurs créateurs préférés. Cette plateforme a longtemps été « réservée » à des personnes qui jouaient aux jeux vidéo. Ces gens se filmaient en train de jouer tout en discutant avec les spectateurs présents. Mais de plus en plus de créatifs sont arrivés sur la plateforme depuis un an. Il y a quelque temps, je suis arrivé sur le direct d'un dessinateur de bandes dessinées que je ne connaissais pas. Et la discussion à laquelle j'ai assisté m'a fait sourire. En synthèse, il remettait en cause tout l'écosystème de l'édition pour les auteurs de bandes dessinées. Il ne comprenait pas pourquoi les dessinateurs comme lui n'avaient pas le droit à la plus grosse part du gâteau sur la vente d'une BD. Il ne comprenait pas pourquoi les éditeurs et les distributeurs prenaient une telle part de revenus sur son travail. J'ai trouvé sa position intéressante. Après tout, c'est un indépendant comme vous et moi. Mais sa situation illustre bien ce syndrome de l'artiste maudit : « Je travaille comme un fou, mais j'ai l'impression que mon travail n'a pas de valeur pour les autres » ou encore « Je travaille nuit et jour, et je ne suis même pas récompensé financièrement à ma juste valeur ».

Aujourd'hui, les compétences sont des prérequis obligatoires. Mais avoir des compétences à revendre ne suffit pas à faire décoller une carrière. Désormais, tout le monde (ou presque) a accès au même niveau d'information. Il est possible de se former sur presque tous les sujets par Internet. La première différenciation n'est donc plus dans les compétences que vous développez, mais plutôt dans votre capacité à choisir les bonnes compétences (chapitre 2) et à creuser le plus profond possible ces quelques compétences. La seconde, et la plus stratégique, se trouve dans votre capacité à convaincre et à vendre. Si l'on reprend l'histoire de notre dessinateur rencontré sur Twitch, il est passé à côté d'une information capitale. Qui se charge de vendre et de distribuer ses œuvres ? Qui s'occupe du marketing et de sa promotion ? Si vous maîtrisez votre marketing, que vous connaissez les leviers sur lesquels appuyer face à vos clients, alors vous maîtrisez la chaîne de valeur. Pourquoi certains freelances réussissent à signer 8 demandes sur 10, alors que d'autres ont du mal à signer une petite mission ?

Les scripts de vente que vous trouvez sur Internet ne feront jamais de vous un bon vendeur. Vous ne signerez pas plus de missions en passant des heures sur l'identité graphique de votre proposition commerciale. Vous pourriez aussi me dire qu'après tout, vous n'êtes pas un commercial et que cette partie du job devrait être déléguée à des agents par exemple. C'est une bonne idée, mais je vous la déconseille au démarrage. **La négociation commerciale fait partie de votre métier, que vous le vouliez ou non.** C'est sûrement l'une des parties les plus stratégiques pour développer votre activité. Alors avant de la déléguer à meilleur que vous, je vous conseille d'en comprendre les rouages et les fonctionnements. Sinon, vous ne ferez que dépendre d'une tierce partie tout au long de votre carrière.

Le piège du « freelance canapé »

Le « freelance canapé » reste dans sa zone de confort. Il ne prend pas de risque et se satisfait des opportunités entrantes sans penser aux imprévus. Généralement, on retrouve ces « freelances canapé » dans deux cas de figure :

- Vous quittez votre entreprise, mais vous continuez de travailler pour la même équipe. Elle représente près de 80 % de votre chiffre d'affaires.
- Vous dépendez entièrement des plateformes de freelances ou d'intermédiaires comme les agences digitales par exemple.

Dans ces deux situations, le travail de prospection est allégé (voire presque inexistant). Quand tout se passe bien, il n'y a aucune raison de changer. Tout le monde est gagnant. Vous n'avez pas à prospecter et les missions tombent directement dans votre boîte e-mail. Mais petit à petit, vous créez une relation de dépendance. Et ce n'est jamais bon lorsque la politique interne change, que les commissions augmentent ou que vos clients décident de renégocier le prix de vos interventions. Or, si 80 % de votre business viennent de ces scénarios, vous n'avez plus le choix que d'accepter ces contraintes. Apprendre à vendre et mener des négociations pour signer ses propres clients en direct ne devrait pas être une option dans votre développement.

Malheureusement, nos premières négociations ne se passent jamais comme nous l'avions prévu. On s'y prend souvent mal, parce qu'on ne veut qu'une chose, vendre ! Alors on se focalise uniquement sur ses compétences et ce que l'on va apporter à notre client. On lui déroule le tapis rouge, feux d'artifices et petits-fours en fin d'appel. Mais une transaction fonctionne lorsque les deux parties sont alignées. De notre côté, on veut signer et vendre notre prestation. Mais côté client, il ne veut pas acheter, il n'y a qu'une chose qui l'intéresse, être rassuré. Il a besoin d'être sûr d'avoir fait le bon choix et de présenter de bons résultats à son manager (ou à son associé). Votre client cherche à déplacer une partie de sa *responsabilité* sur votre travail. Vous n'avez alors qu'un seul but, le rassurer sur :

- la qualité de votre travail,
- votre confiance pour l'accompagner d'un point A à un point B sans accros,
- votre capacité à le faire briller en lui permettant d'atteindre ses objectifs.

Faire bonne impression dès le premier appel

Je ne vous apprends rien en vous disant que la première impression est déterminante lorsque vous rencontrez une nouvelle personne. Les réseaux sociaux, et notamment Instagram, sont extrêmement intéressants à observer. Les mises en scène sont soignées et notre perception reste influencée par nos préjugés et nos idées préconçues. Nous connectons plus facilement avec des personnes qui nous ressemblent et avec qui nous partageons une vision du monde commune.

Si votre client adhère à ce qu'il voit sur vous, avant même de vous contacter, une partie du travail est déjà fait. Nous sommes des êtres biaisés. En psychologie comportementale, on appelle cela l'effet de halo. Si vous appréciez les ordinateurs Apple, vous aurez toutes les chances de penser que le reste de leurs produits sont tout aussi excellents, même si vous ne les avez jamais testés.

Votre niveau de confiance peut vite vous donner une posture d'expert. Si votre client réussit à sentir cette assurance dans vos paroles, dans votre attitude et dans la manière de conduire l'échange, vous lui donnez le sentiment de savoir ce que vous faites. Or, pour maîtriser la conversation, tout est une question de préparation :

1. Préparer minutieusement votre rendez-vous client.
2. Savoir dès le premier appel si votre client rentre dans votre cible.
3. Définir les prochaines étapes avant de terminer le rendez-vous.

Lorsque je travaillais encore dans une entreprise, en plus de mon job de copywriter, j'étais également en charge des premières étapes du processus de recrutement en interne. Et je peux vous dire que j'ai fait des découvertes surprenantes. Par exemple, il arrivait que le candidat soit incapable de m'expliquer simplement ce que faisait l'entreprise. À ce moment-là, je n'écoutais même plus la suite de ses réponses. Et forcément, j'envoyais un e-mail pour ne pas donner suite. Vous allez me dire qu'en freelance, c'est différent. Le minimum, c'est de connaître votre client, non ?

> C'est le premier appel avec l'un de mes futurs clients. Passé l'introduction, je lui explique comment vont se passer les trente prochaines minutes. Ensuite, je récapitule le *job-to-be-done* de l'entreprise (chapitre 7) pour être sûr de bien comprendre. Puis j'enchaîne avec plusieurs questions sur leurs activités et leurs objectifs du moment. Je n'ai toujours pas parlé de moi à ce moment-là. Voici l'un des retours de mon client quelques minutes après : « Merci ! Ça fait plaisir d'entendre que tu t'es intéressé à ce que l'on faisait en amont de ce rendez-vous. Et je peux te dire que c'est loin d'être le cas pour tous les freelances avec qui on échange… »

Dans les parcs d'attraction, chaque manège suit un parcours normé. Il n'y a jamais de changement de parcours en cours de route. Malgré cela, vous prenez du plaisir à vous laisser guider. Vos clients attendent aussi d'être amenés d'un point A *(situation initiale)* à un point B *(objectif)*. Chaque nouvel appel de découverte se passe toujours de la même manière, avec les mêmes questions rituelles. Elles sont spécifiques à mon domaine d'intervention, mais vous pouvez vous en inspirer pour créer votre trame personnelle :

- Comment gagnez-vous de l'argent ?
- Comment est organisée l'équipe marketing ?
- Quels sont vos différents canaux d'acquisition ? Avec quelle répartition ?

- Quelle est votre cible idéale ? Et vos clients actuels ?
- Pourquoi souhaitez-vous travailler sur [*objet de la mission*] ?
- Quelles sont vos attentes sur ce projet ?
- Qu'avez-vous déjà essayé ? Pourquoi ça n'a pas marché ?
- Quels sont les objectifs marketing du trimestre ?

Grâce à ces premières questions, je suis déjà capable d'évaluer la maturité de l'équipe sur le projet. En fonction de ses réponses, j'adapte mon discours pour appuyer sur les points les plus importants à ses yeux. Voici un exemple concret. Il y a quelques mois, j'étais en charge de revoir toute la structure et le contenu du site d'un de mes clients. En lui posant ces premières questions, je m'aperçois qu'il travaille déjà avec une agence mais ça ne se passe pas très bien. « On a quelques difficultés de communication avec l'agence qu'on avait missionnée sur le projet. L'équipe n'est absolument pas réactive et nous n'avons jamais de nouvelles. [...] On a quelques doutes sur leur capacité d'exécution et surtout, sur la qualité de leur rendu final. » En moins de 20 secondes, je peux déjà identifier plusieurs points importants pour mon client :

- Il a besoin d'être rassuré sur l'état d'avancement du projet, tout au long de la mission.
- Il est également sensible à la communication entre les équipes.

Lorsque j'irai présenter mon travail, ce que je fais et qui je suis, je passerai plus de temps sur la manière dont je mène un projet, comment je communique avec mes clients et les processus de communication que je mets en place systématiquement lorsque je démarre une mission. Je prends ici le contre-pied de l'agence et je rassure mon client. À ce stade, vous n'avez pas à rentrer dans les détails d'organisation de la mission. C'est encore trop tôt pour expliquer toutes les étapes, le temps de réalisation, ou combien tout cela va coûter.

Généralement, je termine cette première discussion avec certaines de ces questions :

- Si vous aviez 20 000 € à investir dans vos opérations, par quoi commenceriez-vous ?
- Quel retour sur investissement attendez-vous de [*objet de la mission*] ? Comment allez-vous le mesurer ?
- Quel est l'objectif minimum à accomplir ?
- Avons-nous oublié de parler de quelque chose d'important à vos yeux pour la suite de nos échanges ?

S'inspirer des meilleurs braqueurs pour rassurer son client

Comment rassurer son client sur votre capacité à répondre à son besoin, alors que vous n'avez même pas encore collaboré ensemble ? Je vais vous raconter l'histoire d'un braquage spectaculaire qui me permet de tirer plusieurs leçons pour votre négociation commerciale.

Un homme mystérieux, surnommé le Professeur, prépare le plus grand braquage jamais réalisé. Mais pour exécuter son plan, il recrute une équipe de spécialistes, qui n'ont plus rien à perdre. C'est l'histoire d'un braquage parfait, celui d'Alex Pina, le scénariste de *La Casa de papel*, une série au succès planétaire. L'objectif du Professeur est simple : dérober 2,4 milliards d'euros en moins de 11 jours, sans faire de victimes. Forcément, il ne peut pas y arriver seul. Alors il réfléchit à la meilleure équipe pour ce plan. Il lui faut des hommes et des femmes complémentaires. Une fois la bande trouvée et réunie, il faut élaborer le plan d'attaque. Tout doit être prévu minutieusement pour faire face à tous les imprévus possibles. Cette phase de préparation terminée, il faut maintenant exécuter et passer à l'action. Quoi qu'il se passe, le Professeur garde toujours un contact avec l'équipe, pour les accompagner dans l'exécution du plan.

Vous pouvez appliquer le même raisonnement pour votre client. Il doit viser un objectif, puis construire un plan en s'entourant des meilleurs partenaires. Cette équipe fait tout pour atteindre l'objectif, en suivant une méthode et des processus clés tout au long de la mission. Si je résume, nous avons donc :

1. **Un objectif commun** qui permettra de motiver les décisions et recadrer certaines discussions pour aller dans la même direction.
2. **Une équipe à construire,** où chacun devient indispensable à la réussite de la mission.
3. **Une préparation minutieuse** de la mission pour être sûr d'adopter la bonne stratégie (et le bon plan d'action).
4. **Obtenir de petites victoires rapidement** pour démontrer sa valeur et marquer des points pour la suite.
5. **Surmonter les obstacles** et les imprévus avec un plan en tête.
6. **Toujours garder le contact pour rassurer l'équipe** (et son client) tout au long de la mission.
7. **Atteindre l'objectif.**

Construire une proposition commerciale que votre client ne pourra pas refuser

À ce stade, vous avez récupéré un certain nombre d'informations sur :

- le contexte marché de l'entreprise,
- son fonctionnement (business model, équipe, maturité),
- son besoin et ses objectifs,
- les solutions alternatives (éventuellement),
- les délais (réalistes) à tenir,
- une fourchette budgétaire dans le meilleur des cas.

À la manière d'un jeu de construction, nous allons maintenant assembler le tout, en commençant par la base. Votre proposition commerciale peut être une aventure à elle seule. Vous n'avez pas besoin de répliquer les mêmes modèles des cabinets de conseil où les documents sont tous plus ennuyeux les uns que les autres. Vous pouvez varier le rythme, en faisant naviguer votre client d'une partie à une autre.

Avant de partager la manière dont je construis mes propositions commerciales, j'aimerais insister sur une chose : ne passez pas plus de temps que nécessaire sur le choix de votre support. Powerpoint, Google Doc, un support commenté en vidéo, ce n'est pas le plus important. **La différence se fera sur le fond, pas sur la forme.** Pendant plus d'un an, j'ai construit chacune de mes propositions sur des Google Doc, sans aucune identité graphique ou design particulier. Aujourd'hui, tous les documents que j'envoie à mes clients suivent la même structure :

1. **La situation initiale :** où se trouve mon client ?
2. **L'objectif** : où souhaite-t-il arriver ?
3. **Les mesures du succès :** comment saurons-nous que nous sommes arrivés à bonne destination ?
4. **La méthodologie :** quelle route allons-nous prendre ?
5. **Temps et prix :** en combien de temps ? Et à quel prix ? (toute bonne expédition coûte un certains prix)
6. **Mes engagements :** quelles sont les responsabilités de chacun tout au long de l'aventure ?
7. **Mes références :** je connais la route et les pièges à éviter.

J'ai donc 7 chapitres à créer pour chaque demande qualifiée, c'est tout.

1. La situation initiale : point de départ de l'aventure

Le premier (voire second rendez-vous) vous permettra de récupérer toutes les informations nécessaires pour écrire sans problème les trois premiers chapitres de votre offre. J'aime bien démarrer par un rappel du contexte de l'entreprise. Votre client connaît l'histoire de son entreprise, donc ne perdez pas de temps à copier-coller ce qui est écrit sur leur site Internet. Préférez plutôt une mise en contexte personnalisée : « [...] 70 % de vos ventes se font aujourd'hui sur les salons B2B, grâce notamment à votre équipe de commerciaux sur place. Quant au site et aux ressources associées, ils ne performent pas suffisamment au regard des investissements menés depuis maintenant un an. Ils représentent moins de 15 % des leads mensuels. Le trafic est là, mais les conversions sont timides (moins de 1 %). En cause notamment une proposition de valeur que vos clients ne comprennent pas en arrivant sur votre site. »

Si vous n'avez pas tout compris à cette présentation, c'est normal. Elle est spécifique à mon domaine d'expertise, et je parle le même langage que mon client.

2. L'objectif à atteindre : l'étoile du nord

Il y a quelques centaines d'années, il n'existait pas d'instruments aussi sophistiqués qu'aujourd'hui pour naviguer en pleine mer. Les marins et les explorateurs s'orientaient alors grâce à une étoile très brillante qui indiquait le nord. Le concept de « North Star Metric » (littéralement, l'étoile du nord) a été popularisé par certaines start-up de la Silicon Valley il y a moins de dix ans. Ce concept permet à l'entreprise de ne pas perdre de vue son objectif initial en comptant sur son « étoile du nord », un indicateur clé à suivre de près pour prendre chaque décision stratégique.

Lorsque vous avez une étoile du nord, il est alors plus facile d'arbitrer un nouveau projet. S'il permet d'améliorer cet indicateur, alors on y va. Si non, on le mettra de côté. Prenons un nouvel exemple. « Nous voulons revoir notre site Internet » n'est pas un objectif, même si votre client vous contacte pour cela. C'est à vous d'aller chercher le véritable objectif derrière ce besoin :

« Nous voulons revoir notre site Internet »

↳ « Nous n'avons pas assez de *leads* entrants *via* le site Internet »

↳ « Malgré le trafic important, notre site ne convertit pas suffisamment »

↳ « Nous voulons augmenter les demandes clients de 9 % dans les trois prochains mois »

Plus l'objectif sera précis, plus vous rassurez votre client sur votre capacité à (1) comprendre son problème, (2) le reformuler pour qu'il soit actionnable et (3) lui dérouler le tapis rouge pour résoudre son problème.

3. Définir le processus de la mission et les étapes à franchir

Cette nouvelle étape vient renforcer la définition des objectifs. Maintenant que vous êtes aligné sur l'objectif à atteindre, vous n'allez pas vous lancer directement à l'assaut de la montagne. Il y a un certain nombre d'étapes clés à valider pour vous assurer d'atteindre l'objectif.

Les skieurs de slalom ont tous le même objectif : terminer la course le plus vite possible. Ils peuvent arriver en bas très vite, sans pour autant passer les qualifications, voire décrocher une médaille. Pour que leur course soit validée, ils doivent partir sur le bon tempo, passer chacune des portes sans pénalités, et ne pas tomber, bien évidemment.

Quelle que soit votre spécialité, c'est exactement la même chose pour votre projet client. Pour atteindre votre objectif, vous devrez cocher un certain nombre de prérequis. Si l'on prend l'exemple de la décoration de votre appartement, on pourrait avoir un processus comme celui-ci :

Objectif : revoir la décoration de votre appartement

- Étape 1 : connaître vos goûts, vos besoins et vos contraintes.
- Étape 2 : définir des premières idées de style pour se projeter sur l'ambiance choisie.
- Étape 3 : proposer deux versions d'agencements, choix du mobilier et représentation 3D.
- Étape 4 : rétroplanning, liste d'achats, travaux si besoin et recommandation d'artisans.
- Étape 5 : suivi du chantier et fin de l'aménagement.

4. La preuve sociale comme marqueur de crédibilité

Votre client a besoin de vous pour vos capacités à résoudre son problème. Vous prenez donc le temps de détailler vos actions pour appuyer sur :

- **votre capacité d'adaptation :** vous prenez un nouveau sujet que vous allez décortiquer avec un plan méthodique,
- **votre expertise :** vous êtes en mesure de répondre à ses problématiques grâce à vos compétences,
- **votre valeur par rapport à la concurrence :** vous valorisez l'importance de chaque étape de la mission.

Votre objectif ici est de baliser la route pour la rendre plus sûre et accessible pour vous et votre client. Maintenant, le niveau de détail de votre prestation dépendra du niveau de maturité de votre client.

Si l'on reprend l'exemple du site Web, le client ne se doute peut-être pas du travail de recherche que vous devrez effectuer en amont : préparer des guides d'entretiens, sélectionner les clients à interroger, analyser ces entretiens, catégoriser les réponses… Le résultat reste le même, c'est-à-dire avoir un site Internet qui convertit. Mais plus vous rentrez dans le détail des actions, plus votre intervention prend de la valeur aux yeux du client. N'ayez pas peur que votre client passe par quelqu'un d'autre si vous en donnez trop.

5. Temps de réalisation et budget

Cette section me permet de projeter le client sur l'opérationnel du projet. Je reprends donc mon plan d'action et j'évalue le temps du projet, étape par étape. J'en profite également pour commencer à introduire les responsabilités de mon client. Par exemple, entre l'étape 3 et l'étape 4, il y a une semaine de validation. Ces semaines me permettent de faire office de tampon. Si le client ne respecte pas les échéances de son côté, je ne pourrai pas être tenu responsable du retard du projet. Et j'aurais la possibilité de le justifier grâce à mon planning détaillé.

Pour le prix du projet, je vous renvoie au chapitre précédent. Si le prix de votre prestation ne colle pas au budget de votre client, cherchez à réduire le périmètre de vos actions plutôt que de baisser votre prix. J'utilise également une autre stratégie pour faire accepter plus facilement mes propositions commerciales. Je fonctionne par niveau, à la manière d'un jeu vidéo. Le client s'engage sur une première étape (un audit par exemple). Nous sommes tous les deux gagnants. D'un côté, je peux rapidement lui montrer la valeur de ce que je suis capable de produire. De l'autre, mon client réduit le risque de s'engager sur une mission plus importante. Les niveaux suivants seront débloqués au fur et à mesure.

6. Responsabilités conjointes

Un projet fonctionne lorsque les deux parties sont responsables et investies. Je partage mes engagements sur chacune de mes missions.

- Nous respectons les délais et les échéances que nous nous sommes fixés.

- Nous serons efficaces afin de perdre le moins de temps possible dans des réunions qui n'ont pas lieu d'être.
- Nous ferons un point (e-mail ou téléphone) toutes les semaines sur l'avancement du projet.
- Nous communiquerons régulièrement sur les points bloquants pour ne pas retarder la réussite du projet.

7. Les références de votre aventure

Si vous vous êtes déjà fait opérer, saviez-vous combien d'opérations votre chirurgien avait réalisées avant la vôtre ? Vous étiez peut-être son premier patient. Et pour autant, l'opération s'est-elle mal passée ? (J'espère que non !). Ce médecin vous a donné l'impression d'être un excellent chirurgien, sûr de lui et de son opération. C'est ici que vous allez sélectionner les missions en cohérence avec le besoin de votre client. Je vous conseille d'indiquer :

- Le contexte de l'entreprise si elle n'est pas connue de votre client
- Les objectifs de votre mission
- La méthodologie simplifiée (en option)
- Les résultats

Et si vous n'avez aucune référence ? Il y a deux options. La première, c'est de travailler gratuitement sur des projets que VOUS avez choisis. Je ne vais pas revenir dessus, mais vous pouvez relire le chapitre 12 où je partage avec vous ma stratégie à ce sujet. Sur ces projets, vous prenez très peu de risques, vous gagnez en expérience et vous construisez vos premiers cas clients. Et cela tombe bien, car vous avez du temps (puisque vous n'avez pas de clients).

Ensuite, vous avez la possibilité de créer vos propres projets personnels. C'est l'option que j'ai choisie, avant même de me dire que je serai un jour freelance. Pour mes premières missions, je proposais uniquement de la rédaction d'articles. Et même si je n'avais encore jamais eu de clients, j'avais écrit des dizaines d'articles sur Internet. Mes clients pouvaient alors se projeter, même si mon profil était junior. Vos projets personnels seront le meilleur moyen de vous démarquer. Ils vous appartiennent, en disent long sur votre état d'esprit et votre personnalité et surtout, ils vous rendent crédibles. Vous construisez quelque chose en partant de rien, vous en assumez la responsabilité, et vous en parlez publiquement. Le freelancing nous offre du temps et la possibilité d'organiser ses semaines comme on le souhaite, ce serait dommage de ne pas en profiter pour créer des projets qui pourront faire levier sur nos futurs clients.

Bonus : ce qui est rare a de la valeur

La rareté et la preuve sociale sont deux leviers marketing extrêmement puissants. Supreme est une marque américaine de prêt-à-porter[1]. Si vous faites un tour sur leur site, vous trouverez des bonnets de bain à 80 € ou des stickers à 50 €. Les produits sont tous en édition limitée. C'est là toute la thèse de la marque : créer de la rareté pour faire monter la valeur de leurs produits. James Jebbia, le fondateur de Supreme, l'assume : « Si nous pouvons vendre 600 pièces, alors nous en produisons 400. »

Les restaurants du groupe Big Mamma utilisent une stratégie similaire avec la preuve sociale[2]. La nourriture est de qualité, les serveurs sont tous italiens et les décors sont pensés pour Instagram. Des lieux branchés comme ceux-là, il en existe des dizaines à Paris. Alors pourquoi certaines personnes sont-elles prêtes à faire la queue pendant plus d'une heure pour manger une pizza ? Nous voulons faire partie du club de ceux qui ont vécu « l'expérience Big Mamma ». Et la file d'attente à l'entrée des restaurants est leur meilleur atout pour susciter du désir et de l'envie. « Si les gens sont prêts à attendre pour ça, alors la qualité est au rendez-vous. »

Un freelance occupé est un freelance avec qui on veut travailler.

---

1. https://www.youtube.com/watch?v=6PAWVuTc5LY&feature=emb_title
2. https://valentindecker.com/marketing/file-dattente-marketing-big-mamma/

- vous ne prenez pas plus de 3 clients par mois pour leur être entièrement dédié, tenir les délais et accompagner les équipes du mieux possible *(rareté)* ;
- vous n'êtes pas disponible avant deux mois, tous vos créneaux sont aujourd'hui pris *(preuve sociale de la qualité de votre travail)*.

Ces deux leviers permettent d'asseoir un peu plus votre valeur. Pensez-y lors de vos discussions avec de futurs clients.

POINT D'ÉTAPE

Être un bon vendeur ne relève pas du talent. Comme toute compétence, elle s'apprend et se maîtrise avec le temps. Le premier piège à éviter reste celui du « freelance canapé ». Vous quittez votre entreprise, mais vous continuez à travailler pour la même équipe. Elle représente près de 80 % de votre chiffre d'affaires. Ou vous dépendez entièrement des plateformes de freelances ou d'intermédiaires comme les agences digitales. Même si votre lancement se passe bien et que vous vivez l'une de ces deux situations, faites attention à ne pas vous reposer sur ces cas de figure.

Comme n'importe quel job pour lequel vous pourriez candidater, un entretien client se prépare, car vous n'avez qu'une seule chance de faire bonne impression. C'est l'occasion d'augmenter votre valeur perçue (et donc de facturer plus cher) en agissant comme un professionnel. Pour cela, pensez à structurer vos questions et le déroulement de vos premiers échanges.

Ensuite, lorsqu'il s'agit de construire votre proposition commerciale, gardez en tête ces 7 étapes. Elles m'ont permis de convertir plus de 90 % de mes demandes entrantes, depuis plus de 2 ans.

Étape n° 1 : Situation initiale et rappel du contexte

Étape n° 2 : Étoile du nord et objectif à atteindre

Étape n° 3 : Présentation de votre méthode de travail

Étape n° 4 : Démonstration de vos compétences (preuve sociale)

Étape n° 5 : Temps de réalisation et budget

Étape n° 6 : Responsabilités conjointes

Étape n° 7 : Références de vos aventures freelance

Et en bonus, n'oubliez pas, ce qui est rare a de la valeur. La rareté et la preuve sociale sont deux leviers marketing extrêmement puissants.

CHAPITRE 14

Dépasser les attentes de vos clients pour devenir irremplaçable

Durant mes premières missions, j'étais terriblement stressé. Une fois le devis signé, j'avais l'impression d'être au beau milieu d'une jungle. Je me posais des dizaines de questions, je ne savais pas par où commencer et je doutais toujours de ma capacité à réussir. Je perdais alors beaucoup de temps avant de démarrer le projet (préparer ma feuille de route, récupérer toutes les informations, faire plusieurs réunions avec mon client). Je n'avais pas encore démarré qu'il y avait déjà plusieurs heures de travail au compteur.

Il m'a fallu plusieurs missions pour comprendre qu'elles se pilotent avec le client. J'ai compris qu'il existait des rituels importants à ne pas rater. J'ai donc réfléchi à la meilleure manière de procéder pour éviter de refaire inlassablement le même travail d'un client à un autre. Nous avons la possibilité de créer des systèmes et des méthodes pour gagner du temps et renforcer la confiance que notre client place dans notre collaboration. Je ne cherche jamais la complexité. C'est pourquoi, avant de rentrer dans chacune de mes missions, ces quelques étapes sont un prérequis :

1. Envoi de mon devis pour la mission (fait office de contrat avec mes CGV).
2. Facture d'acompte (30 %) avant de démarrer la mission.
3. Création d'une page client sur Notion[1] pour garder une trace du projet et de mes échanges.
4. Envoi d'un premier questionnaire (ou document d'onboarding).

Faire travailler ses clients

IKEA est le meilleur exemple du genre avec ses meubles en kit. Et cela fonctionne ainsi depuis des dizaines d'années. L'entreprise fait travailler ses clients jusque dans leurs entrepôts, où ils viennent récupérer leurs meubles après les avoir choisis à l'étage. Aujourd'hui, ça ne dérange personne de prendre sa voiture pour se retrouver dans les embouteillages, passer une journée entière dans un magasin sans fenêtre, manger des boulettes de viande dans un self impersonnel, et terminer son week-end à monter ses meubles. Certains diront qu'on accepte de faire tous ces efforts car les produits ne sont pas chers. C'est une des raisons, mais cela n'explique pas tout.

En tant qu'indépendant, personne n'oserait faire travailler ses clients. On pense que chaque partie a un rôle prédéterminé et que c'est immuable. D'un côté votre client (l'acheteur), de l'autre votre service (le vendeur). Nous avons appliqué le même raisonnement au système scolaire. Un professeur détient la connaissance (le vendeur). Les élèves sont là pour apprendre (l'acheteur). Et pourtant, les professeurs pourraient très bien apprendre des élèves. C'est ce que l'on appelle un échange de connaissances. À chaque nouvelle mission, vous apprenez de votre client. C'est une quête commune où les deux parties avancent dans la même direction.

1. Logiciel pour piloter mes projets, prendre des notes et documenter mes processus : https://www.notion.so/

Créer des systèmes simples

Il est toujours difficile de savoir comment d'autres indépendants gèrent leurs projets ainsi que le démarrage de leurs missions. Encore une fois, le podcast Tribu Indé a été l'excuse parfaite pour poser toutes ces questions sur les processus et les systèmes que les indépendants peuvent mettre en place.

Le démarrage d'une mission est l'un des processus les plus importants. Et pourtant, trop peu de freelances ont une vision claire de cette étape. Elle vous permet de :

- faire travailler vos clients pour les impliquer encore plus sur le projet,
- récupérer toutes les informations dont vous avez besoin pour travailler,
- éviter les allers-retours inutiles avec votre client pour commencer le projet.

Certaines de vos missions (ou tâches) seront récurrentes quel que soit le client et son niveau de maturité. Dès que vous répétez plus de deux fois une même tâche sur deux clients différents, il est temps de créer un processus. Prenons quelques exemples :

- **Le consultant en publicité Facebook :** il a besoin d'accéder aux différents outils du client avant de créer ses premières publicités.
- **Le créateur de logo :** il a besoin de récupérer des planches d'inspiration, de la documentation sur l'entreprise, ses valeurs, son ambition…
- **La décoratrice d'intérieur :** elle a besoin de récupérer les plans d'un appartement, de poser les mêmes questions à ses clients pour connaître leurs goûts et leurs préférences.

Vous avez alors plusieurs façons de procéder. Vous pouvez, à chaque fois, écrire un nouvel e-mail en demandant toutes les informations nécessaires, la documentation interne et les accès aux différents outils.

Mais vous prenez le risque d'oublier des choses en cours de route et de garder des fils de discussions interminables. J'ai une autre alternative à vous proposer. Vous créez un document d'accueil que vos clients vont eux-mêmes prendre le temps de le compléter, seuls. Par exemple, vous pouvez utiliser un document partagé ou un questionnaire en ligne (comme Typeform) pour récupérer tous les documents et informations nécessaires au démarrage de votre mission. Peu importe le format, je garde toujours une structure simple :

1. **Objectif du document :** pourquoi je partage cette procédure à mes clients.
2. **Votre travail :** ce que mon client va devoir faire (et sous combien de temps).
3. **Détail des procédures :** je liste tous les accès aux outils dont j'ai besoin pour travailler, les documents internes qui me permettent d'avoir une vision claire sur l'équipe, le projet et la vision du marketing.

Si vous créez des identités graphiques pour les marques, vous pourriez très bien demander à votre client de construire tout seul sa propre planche d'inspiration. Vous lui aurez, au préalable, préparé un document expliquant l'intérêt de l'exercice, le temps nécessaire, la manière de le construire et quelques exemples. Vous économisez une réunion et quelques heures de travail. Si vous êtes consultant en acquisition payante, vous pouvez créer des checklists avec les points à valider avant de démarrer (accès aux différentes plateformes, installation d'outils sur le site Internet, liste d'e-mails, identité graphique, campagnes de reporting...).

Je vous conseille d'y aller progressivement en ajoutant des étapes supplémentaires à chaque nouveau client lorsque vous jugez que cela est pertinent. L'idée n'est pas de construire la machine parfaite du premier coup, mais d'itérer intelligemment pour vous faire gagner un peu plus de temps à chaque nouvelle mission.

Comment ne pas devenir esclave de ses clients

Construire une relation de confiance avec vos clients devrait être l'un de vos premiers objectifs. Si vous n'atteignez pas les objectifs fixés pour des raisons que vous ne pouvez pas maîtriser, votre client restera compréhensif face à la situation. Pourquoi ? Parce que tout au long du projet, vous lui aurez prouvé que vous étiez investi personnellement.

Les rituels sont indispensables pour créer cette confiance réciproque. Depuis quelques années déjà, j'ai pris l'habitude de documenter mon travail (projets personnels comme professionnels). Chacun de mes clients a accès à une page dédiée avec une synthèse de la mission, le planning et les actions mises à jour chaque fin de semaine. La création de ce document me prend au moins une heure. Je pars toujours de la même base que j'ajuste en fonction de la mission. Ensuite, je rentre dans le détail de chacun des sous-projets pour en définir l'objectif, le plan d'action et les prérequis. Je partage ainsi un espace commun avec mon client auquel il peut se référer à tout moment en cas de doute. Il n'y a pas de surprise.

Pourquoi je prends le temps de créer cette page ?

- Je garde une trace écrite du projet pour que chacun puisse s'y référer lorsque nous avons des questions.
- Je rassure mon client sur l'avancement du projet chaque semaine.
- Je lui offre la possibilité de commenter et d'intervenir directement sur sa page.

Une relation client, ce n'est pas seulement une question de ressenti et de bonne entente. Je connais des freelances dont les clients les appellent tard le soir, le week-end ou même pendant leurs vacances. Avec le système que j'ai mis en place, cela ne m'est pas arrivé une seule fois. Par ailleurs, lorsque vous multipliez le nombre de projets en parallèle, vous êtes obligé d'avoir un système et des rituels clairs pour rester maître de votre planning de missions. Généralement, le vendredi après-midi est mon moment « rituel de la semaine ». Je fais alors le point sur l'avancement de mes projets avec un bilan écrit que j'envoie à chacun de mes clients. Là aussi, la structure reste toujours la même :

- les tâches sur lesquelles j'ai avancé dans la semaine ;
- les retours client dont j'ai besoin pour passer à l'étape suivante ;
- les questions éventuelles à poser au client.

Mes clients savent qu'ils auront des nouvelles au minimum chaque vendredi après-midi. Créer ce rituel leur permet aussi de prendre le temps de lire mes documents. Chaque projet est différent et vous êtes libre d'augmenter le rythme de vos communications si vous jugez que cela est nécessaire. Et de votre côté, vous savez où en est la mission par rapport au planning du projet.

Créer de la récurrence pour stabiliser son activité

Je suis toujours surpris de voir certains indépendants se vanter sur leur site ou leurs réseaux sociaux des centaines de clients qu'ils ont accompagnés. Pour avoir été moi-même un client faisant appel à un freelance, je faisais très attention à ces indépendants.

- « J'ai accompagné plus de 68 clients en 2 ans. »
- « J'ai travaillé avec plus de 100 clients sur leur communication depuis 3 ans. »

Si ces informations sont vraies, comment peut-on cumuler autant de clients en si peu de temps ? Je ne vois que deux options :

1. Ces indépendants enchaînent les petites missions.
2. Les clients ne sont pas suffisamment satisfaits pour poursuivre la collaboration.

Si nous faisons correctement notre travail et que nos clients en tirent de la valeur, il n'y a pas de raison que notre collaboration s'arrête[1]. À la différence des entreprises, nous n'avons pas besoin de centaines de clients pour bien gagner notre vie et profiter de nos journées. D'ailleurs, je n'ai jamais compris certaines promesses faites sur Internet pour « obtenir des dizaines de clients en automatique chaque mois ». Si vous êtes seul, vous ne devriez pas avoir besoin de quarante clients à l'année. Les meilleurs freelances n'affichent pas leur nombre de collaborations, mais plutôt le temps durant lequel ils ont travaillé avec leurs clients.

La récurrence des missions avec vos clients existants vous propulse vers un autre niveau que la plupart des freelances ont parfois du mal à franchir pour réduire au maximum les montagnes russes financières. Mais pour y parvenir, vous devrez être bon sur deux choses :

- Démontrer la valeur de votre travail.
- Moins promettre et accomplir plus.

Démontrer la valeur de votre travail

Rappelez-vous d'une chose : votre client ne se doute pas toujours de l'effort que vous avez mis dans votre travail. Vous n'avez pas le même niveau d'expertise que lui. Les actions et les résultats que vous lui communiquez peuvent lui paraître normaux, alors qu'ils sont peut-être exceptionnels.

Il y a quelques mois, une vague de designers en France s'est mise à publier des vidéos où on les voit redesigner des logos existants. On comprend dans les grandes lignes leur processus de création et certaines actions directement dans leur logiciel. Quand on les regarde faire, on se dit que tout ça paraît simple ! C'est la critique que l'on peut lire le plus dans les commentaires de ces vidéos. « Tu

1. Selon votre domaine d'intervention, certaines collaborations n'ont pas lieu de continuer sur le long terme. Vous êtes alors sur des prestations uniques et vos clients sont censés ne plus avoir besoin de vous par la suite.

décrédibilises notre travail en rendant ça ultra simpliste. Tu ne te rends même pas service à toi-même » ou « Tu ne montres pas tout le travail de recherche d'un logo, on a l'impression qu'on peut faire ça en 20 minutes, pas simple de justifier un prix de plusieurs milliers d'euros auprès de nos clients avec ce genre de vidéos qui n'arrêtent pas de sortir… » Ces vidéos sont du divertissement. Il nous revient d'éduquer nos clients sur le travail à fournir pour répondre à son problème et les résultats de notre travail en fin de mission.

Pour le premier point, nous en avons déjà parlé dans le chapitre précédent. Pour le second, je vous conseille de rédiger un petit support récapitulatif en fin de mission. Ce document vient en complément de vos livrables habituels. Il récapitule :

- **La situation initiale et les objectifs fixés :** il est toujours bien de rappeler le contexte de départ après plusieurs semaines (ou mois) de travail.
- **Le chemin parcouru depuis le début :** les différentes étapes du projet, les livrables intermédiaires, le respect du planning.
- **Les accomplissements et les réussites du projet :** les résultats de votre intervention, propres à chaque spécialité.
- **Les imprévus et les bonus découverts en cours de route :** ce que vous auriez pu améliorer ensemble et les retours sur le projet.

Ce travail de documentation vous aidera aussi à prendre du recul sur le projet. Vous avez là un prochain cas client prêt pour la suite. Dans la mesure du possible, je vous conseille de privilégier une présentation en direct de ce document pour appuyer sur les points importants et répondre à toutes les questions de votre client.

Moins promettre et accomplir plus

Je ne fais jamais de promesses que je ne suis pas sûr de tenir. Je ne garantis jamais des résultats financiers par exemple. En revanche, je m'assure toujours de garder quelques bonus pour mes clients. C'est pour cela que je fais toujours ce que j'ai promis. Au cours d'un projet, il y aura toujours des actions imprévues que votre client n'avait pas anticipées (et vous non plus), mais pour lesquelles vous êtes capable de lui proposer une solution. C'est ce que j'appelle « faire plus ».

- Si votre client vous commande une série d'articles pour son blog, vous pourriez lui envoyer un nouveau document avec quelques angles sur lesquels communiquer pour en faire la promotion.
- Si vous travaillez sur la refonte d'une identité graphique complète, vous pourriez partager avec lui une liste de fournisseurs pour faire imprimer certains de ses éléments de marque dans ses bureaux.
- Si vous proposez des shootings photos pour les professionnels, vous pourriez partager avec eux quelques recommandations sur la manière de les utiliser sur les réseaux sociaux.

En agissant de cette manière, vous anticipez les prochaines actions de vos clients parce que vous comprenez leurs intentions finales. Vous n'êtes plus le prestataire qui réalise sa mission puis s'en va. Non, il comprend maintenant que vous êtes capable de l'accompagner bien plus loin. Dans votre document de fin de mission, vous pourriez lister les prochaines étapes du projet, même si ces dernières sortent de votre périmètre de compétences.

Côté récurrence, plusieurs options s'offrent à vous pour poursuivre votre collaboration.

Option n° 1 : répéter le travail accompli à plus grand échelle

Généralement, la plupart des projets ne se terminent jamais vraiment. Il y a toujours de nouvelles étapes à franchir ou des améliorations de l'existant. Maintenant que vous avez démontré vos capacités, il ne reste plus qu'à être proactif pour aller plus loin et signer une collaboration à plus long terme.

Par exemple, vous avez travaillé sur la post-production de 5 épisodes de podcast. Le travail s'est bien passé et votre client est satisfait. Vous savez que son besoin est récurrent, il sera donc tout à fait logique de lui proposer un contrat mensuel avec X podcasts à monter.

Option n° 2 : proposer des sessions mensuelles d'accompagnement

C'est une bonne solution lorsque vous souhaitez vous extraire de l'opérationnel pour vos clients. Vous avez démontré la qualité de votre travail en étant sur l'opérationnel du projet. Vous pourriez maintenant monter d'une marche et avoir un rôle de conseil, plus stratégique (et donc plus cher).

Par exemple, vous proposez 3 heures de visioconférence chaque mois, avec un espace de discussion dédié (Slack par exemple) pour répondre à toutes ses questions et le conseiller sur les prochains projets à venir.

Option n° 3 : facturer un coût fixe mensuel de maintenance

J'ai souvent observé ce principe de récurrence pour des projets techniques. Certains intégrateurs ou développeurs en freelance proposent une maintenance en cas de problème avec une disponibilité 5j/7 pour un montant fixe mensuel.

Option n° 4 : démarrer un nouveau projet grâce à vos compétences transverses

Il se peut très bien que votre client ne soit pas toujours au courant de l'ensemble de votre champ de compétences. Si vous avez suivi mon retour d'expériences sur le positionnement, vous vous êtes présenté comme un spécialiste sur un sujet bien précis. Mais vous êtes peut-être capable d'aider votre client sur d'autres problématiques. C'est le moment d'en parler.

Par exemple, si vous avez travaillé sur le contenu d'un site Internet, vous pourriez très bien aider votre client sur l'amélioration de son tunnel de vente existant si vous en avez les compétences.

POINT D'ÉTAPE

Une mission se pilote avec votre client, avec des rituels importants qu'il ne faut pas rater, dont :

- la phase de démarrage du projet,
- sa gestion opérationnelle,
- l'anticipation d'une fin de mission.

Essayez toujours de vous projeter à la place du client en vous demandant ce qui pourrait vous rassurer en travaillant avec un indépendant. Par ailleurs, identifiez toutes les tâches chronophages et récurrentes sur chacune de vos missions pour :

- créer un processus et gagner du temps,
- faire travailler vos clients d'une manière ou d'une autre,
- mettre en place des rituels de mission.

Enfin, en fonction de votre métier, la récurrence est une des clés pour pérenniser votre activité et ne pas courir après de nouveaux clients tous les mois. Pour y parvenir, concentrez-vous sur deux choses :

1. Démontrer la valeur de votre travail (récapitulatif de mission).
2. Promettre moins et faire plus que prévu (bonus de mission).

Et si vous vous demandez ce que vous pourriez proposer à vos clients en récurrence :

- **Option n° 1 :** répéter votre travail sur un périmètre plus large.
- **Option n° 2 :** proposer des sessions mensuelles d'accompagnement.
- **Option n° 3 :** facturer un coût fixe de maintenance projet.
- **Option n° 4 :** démarrer un nouveau projet grâce à vos compétences transverses.

CHAPITRE 15

Notre développement est personnel

Il y a un certain paradoxe dans le fait d'être freelance. Comme beaucoup de freelances, je me suis mis à mon compte pour plusieurs raisons. D'abord, je voulais me tester et savoir si j'étais capable de réussir seul. Et puis, ma dernière expérience salariée était loin de m'avoir convaincu, même si j'avais aussi ma part de responsabilité. J'avais toujours cette frustration de ne pas avoir le contrôle sur mes décisions. Alors peu à peu, le freelancing a fait son petit bout de chemin dans mon esprit, pour devenir concret il y a quelques années maintenant.

Le freelancing ne date pas d'aujourd'hui et pourtant, j'ai l'impression de faire partie de ses précurseurs, d'avoir bousculé les codes traditionnels du travail. Mais quand je me suis retrouvé tout seul face à mon ordinateur, les choses étaient bien différentes de tout ce à quoi je m'étais imaginé. Ma première année en freelance fut aussi incroyable que culpabilisante. Je me suis plongé dans mon boulot et mes projets, je n'avais pas de week-ends et je n'arrivais pas à décrocher pour faire autre chose et prendre du temps pour moi. Même si en théorie j'étais libre d'arrêter de travailler à 15 h 00, la pression et le rythme que j'ai pris à mon lancement étaient bien supérieurs à tout ce que j'avais pu connaître. Quand ma compagne Margaux rentrait à la maison, j'étais encore derrière mon bureau. Nous avions des horaires décalés et j'ouvrais mon ordinateur tous les samedis et tous les dimanches. Et pour quelle finalité ? J'avais perdu de vue mes objectifs à long terme, qui dépassaient le simple fait d'être freelance.

Vivre de son activité n'a pas de prix. La satisfaction personnelle de mener sa propre barque est un sentiment incroyable. Mais c'est aussi un puits sans fond dans lequel on peut s'oublier personnellement. Il y aura toujours une nouvelle tâche à terminer et nous manquons tous de temps pour accomplir tout ce que l'on aimerait faire. Nos amis et nos proches pensent qu'en travaillant depuis un ordinateur, seul, il est impossible de bien gagner sa vie. D'autres pensent que nous faisons partie des privilégiés qui ne connaissent pas la réalité du travail.

Mais les projets clients ne sont que la partie émergée de l'iceberg. De l'autre côté, il y a du temps dédié à notre administratif, la comptabilité, le légal et même la facturation. Et puis, vous l'avez bien compris, la prospection et le marketing sont des piliers essentiels à la réussite des indépendants, tout comme le développement de son réseau. Et enfin, on ne compte pas nos heures pour apprendre, réfléchir et trouver de nouvelles idées sur nos projets. Alors oui, la production pour nos clients reste le point central de notre activité, mais cela ne suffira pas à pérenniser notre activité.

La différence se cache dans les détails

Yannick Alléno est un grand chef étoilé français. Un journaliste lui a un jour demandé quel était le secret des chefs étoilés, ce qui les différenciait des autres. Il a répondu que la différence se cachait dans les détails.

« [...] Et pour soigner les détails, chaque étape demande la plus grande attention. Rien n'est laissé au hasard, de la recherche du produit, jusqu'au dressage, en passant par la cuisson. Si vous décidez de prendre un raccourci dans le processus, ça ne fonctionnera pas. »

Nous construisons de petites entreprises individuelles et résilientes en veillant à soigner chaque pilier de notre activité.

Le développement d'une activité en freelance suit des règles bien précises avec des méthodologies qui ont fait leurs preuves, comme je vous l'ai démontré tout au long de cet ouvrage. Mais l'énergie, l'intensité et l'orientation que vous souhaitez donner à votre activité vous appartiennent. Les trois prochaines idées que je vais vous exposer sont ma vision du développement des indépendants. Cette vision est sûrement personnelle. Mais surtout, elle évoluera au fil de mon aventure.

- La théorie de l'araignée pour développer sa petite entreprise.
- Faire mieux en faisant moins.
- Le futur vous appartient, prenez-en le contrôle.

Les indépendants sont antifragiles

Au début de ce livre, j'ai comparé les freelances aux entrepreneurs, que la presse et les médias glorifient. Ma vision du business a largement été inspirée par le monde des start-up. D'ailleurs, ce n'est pas un hasard si je travaille exclusivement pour ce type d'entreprises aujourd'hui. Je continue de croire qu'il y a de très bonnes réflexions à prendre sur leurs approches produit et leurs manières de faire. Mais leur développement n'a rien à voir avec le nôtre. Pour évoluer, nous n'avons pas besoin d'en faire toujours plus, ou d'aller encore plus vite. On ne fait la course avec personne d'autre que soi. On ne court pas après des investisseurs ou des recrutements. Notre modèle économique est beaucoup plus simple. Nous sommes capables de créer un business rentable dès le premier mois. C'est pour cela qu'il est plus intéressant d'observer l'évolution d'anciens indépendants.

- Comment ont-ils évolué au fil des années ?
- Pourquoi ont-ils fait ces choix de développement ?
- Quels processus ont-ils mis en place au fur et à mesure ?
- Quels ont été les obstacles à dépasser à chacune de leurs phases de développement ?

L'antifragile

Le concept d'« antifragile » ne vient pas de moi mais du professeur Nassim Nicholas Taleb. En voici sa definition : « L'antifragilité est une propriété des systèmes qui se renforcent lorsqu'ils sont exposés à des facteurs de stress, des chocs, de la volatilité, des fautes, des attaques ou des échecs.[1] »

Finalement, lorsque nous sommes confrontés à des facteurs externes comme le stress, l'incertitude ou l'échec, nous nous renforçons pour nous adapter et devenir meilleurs. L'idée est encore plus forte que le concept de résilience (résister aux imprévus et aux chocs). L'antifragile se nourrit des perturbations et des imprévus.

Je crois à l'antifragilité des freelances. Nous sommes obligés d'évoluer, de sortir de notre zone de confort pour apprendre et progresser. Notre valeur se construit sur la base de nos compétences et sur notre capacité à évoluer en fonction des événements, des opportunités et des changements de direction de notre société. Nous n'avons aucune certitude sur le monde de demain, mais nous croyons en cette capacité de construire un modèle de développement qui nous appartient, pour surmonter les obstacles. C'est pour cela que je crois aussi beaucoup à la multiplication des projets pour diluer son risque. Plus vous diversifiez votre activité, moins vous avez de risque de tout perdre au même moment. Si je partage mes investissements entre des actifs boursiers, de la crypto-monnaie, des assurances-vie et du locatif, j'ai peu de chances que tout s'écroule au même moment. La même philosophie s'applique en freelance à différents niveaux :

1. *Antifragile : les bienfaits du désordre*, Les Belles Lettres, 2013.

1. **Votre portefeuille de clients :** dépendre d'un seul client pour générer 80 % de vos revenus vous met dans une situation à risque *(freelance canapé).*
2. **Votre portefeuille de projets :** multiplier vos projets personnels pour vous créer de nouvelles sources de revenus *(freelance araignée).*

Ce deuxième point est important et je vous conseille d'y réfléchir une fois votre activité stabilisée. Alexandre Dana, le fondateur de LiveMentor[1], a accompagné personnellement des centaines d'indépendants. À chaque fois que je le revois, il me répète la même chose : « L'araignée, mon ami, l'araignée ! ». Il fait référence à la stratégie de l'araignée. Si elle perdait une de ses pattes, ça ne l'empêcherait pas de continuer à avancer. Et bien c'est le même principe pour notre activité. D'abord, vous ne craignez pas que votre activité s'écroule si l'un de vos clients arrête sa collaboration (diversification de votre portefeuille client). Vos autres projets peuvent aussi vous permettre de dégager des revenus supplémentaires en cas de coup dur ou d'imprévus.

Même si Tribu Indé représente moins de 15 % de mes revenus annuels à ce jour, j'ai compris le potentiel de travailler sur des projets personnels à plus long terme. En plus d'y trouver un équilibre dans mon quotidien, Tribu Indé pourra me permettre demain de dégager une ligne de revenus chaque mois pour faire face à un ralentissement de l'activité par exemple. Il me faudrait un deuxième livre pour aborder toute la stratégie derrière la création de projets personnels. Je suis encore au début de cette aventure et j'aurais besoin de plus de recul pour partager avec vous mes enseignements.

1. LiveMentor est une école en ligne pour entrepreneurs.

Comment faire mieux sans en faire plus ?

Au fil des années, je me suis construit une liste de principes et de réflexions à ne jamais oublier. Dans cette philosophie, on peut y trouver des principes tels que :

- Accepter que nous ne puissions pas tout contrôler.
- Profiter de son temps libre pour ne rien faire.
- Arrêter de se comparer aux autres.
- Se satisfaire de ce que l'on a.
- Faire mieux plutôt que plus.

Revenons sur cette dernière idée : *faire mieux, plutôt que plus*. J'ai parfois l'obsession d'en faire toujours plus. Mais pour quoi faire ? Ma situation actuelle est confortable, mes projets et mon niveau de revenus sont satisfaisants. Pourquoi vouloir en faire encore plus ? J'ai l'impression de suivre un script invisible qui me répète les mêmes choses que ce qu'on observe ailleurs :

- il faut encore plus de clients…
- il faut gagner encore plus d'argent…
- il faut une audience encore plus grosse…

Pour quoi faire ? Lorsque j'ai découvert le travail de Paul Jarvis (un designer indépendant et formateur), j'ai commencé à me poser toutes ces questions. Il a enfoncé le clou lorsqu'il a publié son livre *Company of One*, que je vous recommande si vous lisez l'anglais. La thèse est simple : pourquoi rester petit ne serait pas aussi une option à considérer pour le développement de son business ? Nous pouvons réussir selon nos aspirations, en limitant volontairement notre croissance. Cette idée semble contre-intuitive dans un monde où l'on est toujours poussé à en faire plus.

Travailler plus intelligemment

Paul Jarvis nous propose d'inverser les rôles pour mettre notre activité au service de notre idéal de vie, et non l'inverse. On peut ainsi développer son business sans travailler plus. Mais pour cela, nous devons travailler plus intelligemment et efficacement pour construire un actif sur le long terme (mettre en place des systèmes et des processus, développer son propre média, créer de la récurrence chez nos clients). Il prend comme exemple l'un de ses amis indépendants, Sean D'Souza qui a lancé Psychotactics pour accompagner ses clients à améliorer la conversion de leur site en utilisant le marketing et la psychologie humaine. Sean a décidé depuis plusieurs années de plafonner ses revenus annuels (plusieurs centaines de milliers de dollars). Il considère qu'en dépassant ce plafond, l'investissement et l'énergie qu'il doit mettre dans son activité n'ont pas de retours suffisants. Plus de chiffres signifie de recruter une équipe et complexifier son business. Et il ne veut surtout pas de tout ça. Il préfère prendre du temps avec ses enfants et sa femme pour randonner en montagne et aller surfer. Mais pour générer un chiffre d'affaires plus qu'honorable, tout seul, il est obligé de travailler plus intelligemment.

Se fixer une limite à ne pas dépasser

Cette idée est contre-intuitive. C'est vrai qu'on ne pense jamais à se fixer des limites hautes. Et lorsque l'on atteint nos objectifs, très peu d'entre nous décident de s'arrêter là. Au contraire, on en veut toujours plus. Il faut être très clair sur ce que l'on a envie d'accomplir pour être capable d'arrêter et de se fixer un palier maximal. Dans l'imaginaire collectif, avoir un petit business, c'est manquer d'ambition. Notre réussite est limitée puisqu'on ne fait pas partie des « gros poissons » sur notre marché.

Aujourd'hui, je trouve ça fantastique de se dire que l'on peut démarrer un petit business qui peut rester petit, tout en générant suffisamment de revenus pour vivre confortablement. Et encore une fois, cela n'a rien à voir avec un manque d'ambition ou de vision à long terme. Pour sortir de l'écosystème freelance et prendre de la hauteur sur cette idée, le plus vieil hôtel du monde est une parfaite illustration de ce que je viens de vous dire.

L'établissement Nishiyama Onsen Keiunkan appartient à la même famille depuis 53 générations (1 300 ans)[1]. Il se trouve dans une petite ville du Japon dans la région de Yamanashi et compte aujourd'hui 37 chambres, 6 bains thermaux, mais pas de WiFi. Au cours des siècles, l'hôtel a accueilli des empereurs, des politiciens et même des samouraïs légendaires. 37 chambres en 1 300 ans d'existence, cela semble ridicule comme développement. Mais depuis le début, cette famille s'est concentrée sur l'expérience de leurs hôtes. Aujourd'hui, ils pourraient générer plus d'argent, développer les services de l'hôtel et mettre enfin le WiFi. Mais ce n'est pas la philosophie des propriétaires, où la déconnexion fait partie de l'expérience de l'hôtel.

Et cela me fait réfléchir sur le monde qui nous entoure et notre ambition personnelle. À force de vouloir créer de l'automatisation dans tous les sens et de chercher à développer son activité à tout prix, ne perdons-nous pas de vue la mission que l'on s'était donnée en devenant freelance ? Bien sûr, certains ont l'ambition de faire grossir leur business. Mais ce n'est pas une généralité. Nous agissons tous par mimétisme, et c'est très facile de répliquer certains modèles que l'on voit un peu partout, sans se recentrer sur nos envies profondes et nos objectifs personnels.

Parfois, ne vaut-il pas mieux travailler pour quelques clients avec qui nous avons développé une relation de confiance, plutôt que d'enchaîner les nouveaux clients avec le stress, l'appréhension et une expérience forcément dégradée ?

---

1. https://www.vivrelejapon.com/ville-hakone/nishiyama-onsen-keiukan-mont-fuji

Notre développement est personnel

L'équilibre parfait entre nos vies personnelle et professionnelle n'existe pas. Je ne crois pas qu'il faille à tout prix compartimenter nos activités personnelles et professionnelles. En freelance, les frontières ne sont plus aussi claires qu'en tant que salarié. Nous jouons à notre propre jeu, avec nos propres règles. Ma vie d'aujourd'hui n'a rien à voir avec celle de mes amis salariés.

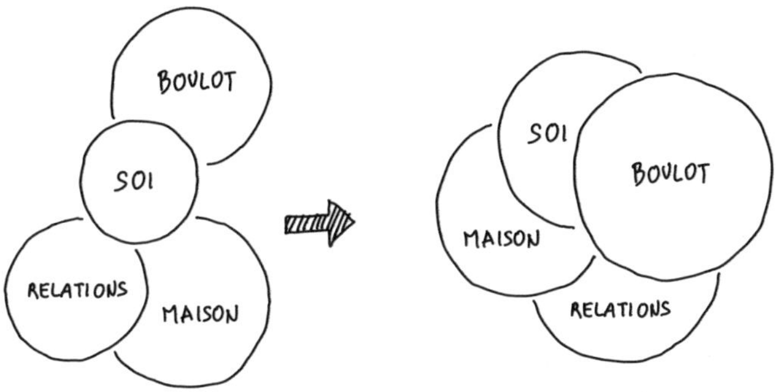

NOS CERCLES DE VIE

Mon cercle de relations proches est en partie constitué d'indépendants avec qui nous échangeons aussi sur notre développement professionnel (et personnel). La séparation entre mon lieu de travail et mon logement n'est plus aussi nette. Même si je travaille dans un espace à l'extérieur, j'ai gardé une pièce dédiée à mon activité chez moi. Mon travail a également un impact beaucoup plus fort sur mon développement personnel. Quand j'étais salarié, je ne prenais pas les choses autant à cœur. Ce n'était pas mon entreprise ni mon projet. Je pouvais prendre beaucoup de recul sur ce qui s'y passait.

J'ai longtemps eu du mal à déconnecter, avant d'arriver à trouver l'équilibre parfait entre mon quotidien professionnel et personnel. Ma vie est à l'image d'un orchestre où des dizaines de musiciens s'accordent ensemble pour jouer la plus belle partition possible.

Mes journées se ressemblent et c'est très bien

Tout comme notre développement reste personnel, notre organisation l'est tout autant. Je vous ai parlé des plans de 90 jours que j'utilise depuis des années. J'ai conscience que mon organisation est très cadrée, mais j'ai trouvé ma manière de fonctionner. Au quotidien par exemple, je ne me perds pas dans l'utilisation de dizaines d'outils. Aujourd'hui, je pense avoir trouvé un rythme qui me correspond, et surtout, que je pourrais tenir sur le long terme sans m'épuiser. Lorsque je ne travaille pas sur l'écriture de ce livre, j'arrête souvent de travailler vers 18 h (et je ferme tous mes onglets de travail). J'ai aussi réduit mon temps de travail le week-end à quelques heures, exclusivement passées sur des projets personnels (jamais de projets clients). J'utilise souvent le vendredi après-midi pour des sessions d'appels ou pour explorer autre chose que mon activité.

Mes journées se ressemblent beaucoup dans leur organisation. Les matinées sont les moments les plus stratégiques pour moi puisque je compte sur ces quelques heures pour terminer 60 % de ma journée, en travaillant sur les tâches les plus créatives pour mes clients. Pour eux, dès le démarrage de chaque projet, je partage avec eux mon fonctionnement avec des disponibilités en fin de journée lorsqu'il s'agit de réunions ou de points hebdomadaires dont j'ai déjà parlé. Pour mes prospects, je dédie seulement quelques créneaux dans ma semaine. C'est un choix stratégique, qui me permet d'envoyer un signal fort, celui d'avoir des journées bien occupées grâce à la qualité de mon travail.

J'ai conscience qu'un système aussi cadré où je sais sur quoi je dois travailler toutes les deux heures n'est pas adapté à tout le monde. Paradoxalement, ce système me permet de déconnecter à la fin de la journée, tout en m'accordant cette liberté de faire autre chose que travailler ! Quand on vit seul, on est libre de faire ce que l'on veut. Quand on partage sa vie avec quelqu'un, il faut apprendre à s'adapter et surtout, à communiquer. J'ai pris conscience de l'importance d’échanger sur notre quotidien, nos projets du moment pour anticiper des périodes plus chargées où je serai moins disponible. L’écriture de ce livre est un bon exemple. En continuant de prendre de nouveaux projets clients, j’ai forcément augmenté mon rythme de travail pour plusieurs mois.

Le développement de mon activité et de Tribu Indé représentent une bonne partie de ma vie et de mon quotidien. J’ai accepté d’y consacrer du temps. Vous vous êtes peut-être déjà posé cette question : quelle suite ai-je envie de donner à mon activité ? Quelles sont les prochaines étapes ? Je ne me permettrai pas de vous donner de conseils à ce sujet. C’est à vous de savoir ce que vous avez envie de faire, indépendamment des autres et du regard extérieur.

Aujourd’hui, j’ai 27 ans et je me suis pris au jeu de l’indépendance. Finalement, notre vie n’est qu’une question de choix. Quelle vie veut-on avoir ? Pourquoi mettons-nous autant d’énergie à construire notre propre activité alors que d’autres options sembleraient plus prudentes au premier abord ? Aucun choix n’est meilleur qu’un autre, et les conseils que l’on peut recevoir ne sont que des conseils. Il n’y a qu’une seule règle à suivre : rester attentif aux opportunités et se questionner sans cesse sur les décisions et les choix à prendre en cours de route.

CONCLUSION

Votre aventure en freelance est infinie

Nous avons maintenant parcouru un petit bout de chemin ensemble. Mais, la route ne fait que commencer pour vous. De belles aventures vous attendent, à condition d'y mettre de l'envie, de l'effort et de l'intensité. Vous avez aujourd'hui l'essentiel pour vous lancer, vous développer et avancer dans votre activité. Nous avons passé en revue les principes fondamentaux des indépendants qui réussissent à vivre confortablement de leur business. Il n'y a aucune raison pour que vous abandonniez en cours de route.

J'aimerais vous laisser avec un tout dernier conseil. Si nous envisageons notre vie professionnelle comme un jeu, alors il en existe deux grandes catégories : le jeu fini ou le jeu infini. Dans un jeu fini, les règles sont connues et acceptées de tous. Au basketball, deux équipes s'affrontent. Et l'équipe gagnante est celle qui réussit à marquer le plus de paniers dans le temps imparti. Dans le monde de l'entreprise, le même schéma se produit. Vous rentrez par la petite porte, et petit à petit, si votre comportement et vos résultats sont satisfaisants, vous passez au niveau supérieur. Il existe ainsi des gagnants et des perdants, dans un monde où les règles sont dictées par l'entreprise.

Dans le monde des indépendants, vous changez de catégorie. Vous êtes désormais dans un jeu infini. Votre objectif n'est plus de devenir meilleur que tout le monde, mais de rester le plus longtemps possible dans le jeu. Vous voulez continuer de jouer, parce que dans le business, personne ne gagne vraiment. Dans un jeu infini comme le freelancing, vous n'avez qu'un seul véritable concurrent, vous-même, avec vos doutes, vos peurs et vos questionnements. Il faudra accepter que parfois, les autres seront meilleurs que vous. Votre unique objectif reste centré sur vous : vous améliorer et devenir meilleur (sans en faire toujours plus). Vous ne réussirez jamais seul, et chaque indépendant que vous rencontrerez sera un allié dans votre aventure. Alors surtout, prenez du plaisir et amusez-vous ! Vous avez le choix du scénario de cette aventure !

J'ai pris un plaisir fou à vous écrire ce livre. Et si vous souhaitez que l'on continue un bout de chemin ensemble, je vous retrouve chaque semaine au travers du podcast Tribu Indé, de sa newsletter et de tous les contenus que je partage sur Internet.

Et je ne pouvais pas vous laisser sans une dernière surprise… La suite se trouve ici :

tribuinde.com/livre-bonus

Je vous souhaite sincèrement une belle aventure !

REMERCIEMENTS

Ce livre n'aurait jamais pu voir le jour sans des personnes exceptionnelles qui ont toutes joué un rôle dans ma vie. Il est le résultat de mes dernières années d'expérimentations, de remise en questions, de prise de risques et d'un plaisir incroyable dans cette belle aventure qu'est la mienne.

En premier lieu, je voudrais remercier mes parents Nathalie et Claude Minchella qui n'ont cessé de m'encourager à construire ma propre voie. Merci à toi Lucas, d'être le petit frère exemplaire dont je suis fier, qui me rappelle que la vie est aussi un kiff. Merci à toute ma famille.

Margaux Hervé, tu es entrée dans ma vie il y a plus de 8 ans maintenant. Tu continues d'être remarquable et de me soutenir dans tous mes choix. Sans toi, je ne serais pas celui que je suis aujourd'hui. Ces mois d'écriture n'ont pas toujours été simples. Merci pour ta patience.

Ce livre est avant tout une aventure collective. Je suis profondément reconnaissant de toutes les rencontres extraordinaires de ces dernières années. Un remerciement tout particulier pour mes invités du podcast Tribu Indé. Vous m'avez permis de me questionner pour apprendre plus vite. Et vous m'avez ouvert la voie du freelancing.

J'aimerais également remercier les nombreuses personnes qui m'ont accompagné sur toutes les étapes de ce livre. Votre soutien, vos encouragements et vos retours ont beaucoup compté pour moi et pour le livre. Merci à Victorine Abrigo, Laurence Alcan, Allison Arethas, Pierre Belin, Alexandre Brengues, Virginie Brochard,

Victoria Debargue, Valentin Decker, Joseph Donyo, Pierre Dron, Frédérique Dussaillant, Caroline Envain, Onur Karapinar, Alexis Lepresle, Lilas Louise Maréchaud, Cécilia Maurice, Célia Maury, Laetitia Poilvet , Ester Ramos, Rémi Rivas, Margaux Roux, Antoine Sorel et Pierre Vandekerckhove pour leurs relectures attentives.

Merci également à Florian Migairou, responsable éditorial chez Eyrolles, de m'avoir proposé cette belle opportunité. Tu as su faire preuve de patience pour réussir à me convaincre d'écrire ce livre. J'ai pris beaucoup de plaisir à échanger avec toi tout au long de cette belle aventure ! Merci à toutes les personnes ayant travaillé dans l'ombre pour faire de ce projet une réalité.

Et enfin, un grand merci à vous, lecteurs, pour avoir donné une chance à ce livre. Nous avons partagé quelques heures ensemble. J'espère avoir été un bon compagnon de route.

Impression & brochage SEPEC
N° d'imprimeur : 21682201214
Dépôt légal : décembre 2020
Imprimé en France

IMPRIM'VERT®

PEFC™ 10-31-1470 / Certifié PEFC / Ce produit est issu de forêts gérées durablement et de sources contrôlées. / pefc-france.org